希望の源泉　池田思想 3

――『法華経の智慧』を読む

佐藤優

第三文明社

まえがき

日本の宗教で、社会に最も強い影響を与えているのが創価学会だということについては、異論の余地《よち》がないと思う。創価学会は、現在、世界宗教に発展する過程にある。そこで重要になる事柄を、池田大作氏（創価学会第三代会長、名誉会長、SGI［創価学会インタナショナル］会長）の名著『法華経の智慧《ちえ》』から学んでいくというのが本書のテーマだ。

『希望の源泉・池田思想――「法華経の智慧を読む」3』では、悪との戦い、折伏《しゃくぶく》と寛容性について学ぶ。私は創価学会の外部の人間だ。プロテスタントのキリスト教徒である私が、池田思想について語ることを許すという創価学会員の姿勢に、寛容性が体現されていると思う。もちろんこれは池田思想に対する私の解釈だ。本書では、かなり踏み込んだ話もしている。これらの点については、皆さんの率直な意見を聞かせていただきたい。

いつも強調していることだが、二つの種類の宗教があると私は考えている。

一つ目は、日常生活が宗教と切り離されている場合だ。葬式と法事以外、寺とは関係を持たないという例だ。初詣《はつもうで》や七五三は神社に行くが、特に神道の信仰は持っていないという人もこの例だ。また、苦しいときの神頼みのような、必要に応じて祈願することがあるが、日常生活は宗教と切り離されているという人もこれに入る。

二つ目は、〝信仰がその人の生活そのもの〟という種類の宗教を信じ、実践している人だ。

私は日本基督教団（日本における最大のプロテスタント教団）の会員である。日本基督教団には、さまざまな考えの人がいる。私は同志社大学神学部で教壇に立っている。同志社は会衆派《かいしゅうは》（組合教会）という系統に属する。会衆派は、個別教会が意思決定の最高機関で、神学教育の内容も神学教師個人に委《ゆだ》ねられている。ただし、会衆派教会の基調はカルヴァン神学だ。私は、同志社の他の神学教師と比較してもカルヴァン色が強い。

カルヴァンにおいては信仰が生活のすべてを律していて、信仰即行為である。私が作家活動を行う究極的動機も、神の栄光のために奉仕することなのだ。だから、一人の宗教人として、信仰体系は異なるが創価学会員の信心のあり方が皮膚《ひふ》感覚でわかる。

昨二〇二〇年は、創価学会にとって特別の意味を持った。一九三〇年十一月十八日に、牧口常三郎《つねさぶろう》初代会長の著書『創価教育学体系』の第一巻が刊行された。この日が創価学会創立記念日だ。創価学会創立九十周年にあたる同年十一月十八日の「聖教新聞」一面に、池田大作先生の和歌が三首、掲載された。

〈池田先生が全同志に和歌

師弟して
仏勅《ぶっちょく》果たせり
全世界
無限の希望は

創価と共に

太陽の
励ましの声
より深く
蘇《そ》生《せい》の響きを
平和の光を

元初《がんじょ》より
地《じ》涌《ゆ》の歓喜の
若師子《わかじし》よ
大悪《あく》を大善《ぜん》へと
勝って舞いゆけ〉

一面の見出しは、「きょう栄光の学会創立90周年／人類の宿命転換へ誓願《せいがん》の船出」で、以下記事がこう続いた。


〈きょう11月18日、創価学会は栄光の創立90周年を迎えた。

池田大作先生は全世界の同志に心から感謝し、記念の和歌を詠《よ》み贈った。

初代会長・牧口常三郎先生と第2代会長・戸田城聖《じょうせい》先生が、師弟して著《あらわ》した『創価教育学体系』第1巻が発刊されたのは、1930年（昭和5年）11月18日のこと。後に、この日が学会の「創立記念日」となった。

44年（同19年）の同じ11月18日、牧口先生は獄中闘争を貫《つらぬ》き殉教《じゅんきょう》。生きて出獄し、広宣流布《こうせんるふ》へ立ち上がった戸田先生の遺志を継いだ第3代会長・池田先生の間断なき平和行動によって、太陽の仏法は今、192カ国・地域へと広がる。

さあ、創価の師弟に連なる誇りと喜びを胸に、100周年の峰へ！　人類の宿命転換を目指して、新たな誓願の船出を！〉

この和歌に出てくる地涌とは、地涌の菩薩《ぼさつ》、すなわち〈法華経従地涌出品《じゅうじゆじゅっぽん》第15においで、釈尊《しゃくそん》の呼び掛けに応えて、娑婆《しゃば》世界の大地を破って下方の虚空《こくう》から涌き出てきた無数の菩薩たち〉（創価学会公式サイト）のことだ。人々を救済するために、地面から浮かび上がってくる菩薩だ。本書でも、第十章「『地涌の菩薩』とその使命感」で詳しく論じた。

池田氏が、創価学会創立九十周年を記念して詠み贈った三首の和歌から、〝創価学会の世界宗教化の推進、平和の形成と強化、悪と戦って善を実現し、救済に向けて世界を転換せよ〟との指針が伝わってくる。

この価値観を政治的言語に転換すると、「コロナ禍《か》という悪と戦うことで、善なる結果をもたらすよう努力せよ」、「絶対悪である戦争を阻止し、平和を維持、強化せよ」ということになる。

創価学会は、戦う宗教団体だ。民衆の幸福と世界平和に向けた戦いを通じて、創価学会は世界宗教に発展していくのである。池田氏のテキストを読み解くことが、日本と世界の過去から学び、現在を分析し、未来を予測する上で不可欠と私は考える。

二〇二一年三月十四日、曙橋（東京都新宿区）の書庫にて

佐藤優

目次

希望の源泉・池田思想

――『法華経の智慧』を読む 3

一、本書は、月刊誌『第三文明』に連載された「希望の源泉――池田思想を読み解く」（第二十五回・二〇一八年八月号～第三十六回・二〇一九年七月号）を加筆・修正し収録したものです。

一、本書では『法華経の智慧――二十一世紀の宗教を語る』（池田大作、聖教新聞社）中巻の「提婆達多品」（第十二章）～「従地涌出品」（第十五章）を取り上げています。

一、『法華経の智慧』からの引用は「普及版」（上中下の全三巻）に基づき、（〇巻〇〇ページ）と表記しました。

一、御書の引用は『新編　日蓮大聖人御書全集』（創価学会版、第二七三刷）から（御書〇〇ページ）と表記しました。

一、肩書、日時等は、連載時点のままにしました。

一、引用文中の編集部による注は（＝　　）内に示しました。

装幀・本文デザイン　株式会社藤原デザイン事務所
帯写真　　　　　柴田篤
聞き手　『第三文明』編集部

1

「悪と戦い続けてこそ仏」という思想

法華経は悪をどう捉えているか？

――池田大作SGI（創価学会インタナショナル）会長の『法華経の智慧《ちえ》』をめぐる語らい、いよいよ「普及版」中巻の内容に入ります。今回は、「提婆達多品《だいばだったほん》」の前半で説かれる「悪人成仏《じょうぶつ》」についての章を、読み解いていただきます。

佐藤　提婆達多といえば、私は昔、中勘助《なかかんすけ》（『銀の匙《さじ》』などの作品で知られる作家・詩人）の小説『提婆達多（でーばだった）』を読んで、その名を知りました。

――提婆達多は「悪逆の提婆」とも呼ばれ、仏典における「悪人」の代表格です。諸説ありますが、釈尊《しゃくそん》の従兄弟《いとこ》に当たるとされ、出家して釈尊の弟子となり、一時期は真面目《まじめ》に修行していたものの、のちに野心を抱《いだ》いて反逆します。そして、釈尊の教団を乗っ取ろうと企《たくら》んだり、釈尊の命を狙ったりといった悪行を繰り返しました。それほどの悪人ですら成仏できるという「悪人成仏」が、「提婆達多品」の前半で説かれています。

佐藤　法華経の「善悪論」が展開されるパートですね。この章の冒頭近くで、池田会長が次のように発言されていることに、私は強い印象を受けました。

「**『仏法は勝負』**です。**『限りなき闘争』**です。**『善と悪』『法性《ほっしょう》と無明《むみょう》』『幸福と不幸』『平和と戦争』『建設と破壊』『調和と混乱』**。それらの永遠の闘争が、人生と社会の実相《じっそう》です。否《いな》、宇宙の実相なのです。だから戦うしかない。だから勝つしかない。仏の別名は『勝者』というのです」(中巻一二ページ)

これは、実に創価学会らしい捉《とら》え方だと思いました。仏教といえば一般に静的な諦《てい》観《かん》というイメージがあるのに対し、非常に動的でダイナミックな存在として仏を捉えている。

――そうですね。「仏法は勝負」という言葉は、創価学会でよく用いられる重要なキーワードの一つです。この言葉の背景には、〝生命のなかには仏も魔もあるから、常に仏の側が勝っていなければ魔に負けてしまう〟という捉え方があると思います。「仏の別名は『勝者』」とは、原始仏典にも出てくる言葉です。

佐藤　よくわかります。仏とは「魔との闘争に勝利した者」なのでしょう。さらに、〝一度勝った者は永遠に仏であり続ける〟という固定的な成仏観ではなく、仏と魔、善と悪が常に心のなかでせめぎ合っていると捉えるわけですね。魔と戦い続けることのなかに仏の生命があるという、〝生成《せいせい》的な成仏観〟とでも言いましょうか。

――はい。実際、多くの学会員は日々の活動にたゆまず挑戦しているように感じます。

佐藤　それは、〝戦い続けてこそ仏になれる〟という成仏観ゆえなのでしょう。この章にも、池田会長の象徴的な発言がありますね。

「『善人』とは『悪と戦っている人』です。外の悪と戦うことによって、自分の内なる悪を浄化している人のことです。この軌道が人間革命の軌道です」（中巻二一ページ）

「悪との『限りなき闘争』こそ、提婆品を貫《つらぬ》く魂《たましい》なのです」（同二二ページ）

これらの言葉はまさに、〝戦い続けてこそ仏になれる〟という成仏観を示していると言えそうです。

――また、戦い続けることをやめてしまえば、魔がつけ入る隙《すき》が生まれてしまうという感覚もあるように思います。

佐藤　その感覚が、学会員の勤勉さの背景になっているのでしょう。私も少し前に、マックス・ウェーバーの『プロテスタンティズムの倫理と資本主義の精神』を読み解く原稿を書いた際、「筆者には働き過ぎる傾向があるが、その背後にカルバン派的な信仰がある」と書いたことがあります（『週刊現代』二〇一七年八月五日号）。私たちプロテスタントのキリスト教徒にとって、働くことは神から託された自ら《みずか》の使命を果たすことでもあります。いわば、「ビジネスという形で宗教行為を行っている」のです。だからこそ、プロテスタントには独特の勤勉さがあります。それは「信仰と結びついた勤勉さ」という意味で、学会員の皆さんと相通ずるものです。

提婆達多から考える「退転者」の共通項

佐藤　「提婆達多品」前半の直接のテーマは「悪人成仏」ですが、現代の学会員の皆さんがこの品を学ぶ意義は、もう一つあると思います。それは、退転者や反逆者が持つ傾向性を、提婆達多の姿を通じて知るということです。それを知ることで、退転者・反逆者に影響されて信仰が揺らいでしまうのを防ぐことができます。

この章を読んで初めて知りましたが、提婆達多は釈尊の教団に反旗を翻《ひるがえ》したとき、五百人もの仏弟子を引き連れていったのだそうですね。今でいう「オルグ活動（勧誘活動）」を行って、言葉巧《たく》みに教団内で同調者づくりを進めたわけです。そこから推察するに、彼は非常に「切れ者」でもあったのでしょう。

そのように組織を攪乱《かくらん》する反逆者は、現代の創価学会／SGIの組織のなかにも出現したし、これからも出現するでしょう。また、学会に限らず、あらゆる世界宗教は、そのような「内部から現れる敵」「獅子身中《しししんちゅう》の虫」に直面しています。そうした「敵」との戦いにも備えておく必要があるのです。

同じ退転するにしても、独《ひと》り静かに去っていく人もいれば、多くの信者を巻き込んで「分派活動」を展開する人もいます。また、組織内に身を置いたままオルグ活動を行い、自らの影響力を強めて〝組織内組織〟をつくっていく人もいるでしょう。そのなかで特に問題になるのは、多くの信者を巻き込んでいくケースです。そういうタイプの退転者は、往々にして言葉巧みで、オルガナイザー（工作者・組織者）として優秀なのです。だからこそ、組織を破壊する脅威《きょうい》にもなり得る。

この章のなかで池田会長は、**「悪人は、絶対に『自分は悪人です』という顔はしない（笑い）。悪知恵というか、奸智《かんち》です」**と述べています（中巻一九ページ）。この言葉のとおり、オルガナイザー型の退転者は奸智に長《た》けており、「私こそが池田先生の教えを正しく受け継いでいる真の弟子だ」などと主張するでしょう。その奸智を見破っていく賢明さが、学会員の皆さんには求められているのです。そういう輩《やから》が学会内部から現れたとき、その人が自ら主張するとおり「池田先生の真の弟子」なのか、それとも〝提婆達多〟になってしまっているのかを、見極めないといけない。

〝悪と戦い続けることこそ成仏への道〟だとすれば、その「悪」のなかには「内部から現れる敵」も含まれていると思います。そのような問題意識を持って、この「提婆達多品」を学ぶ必要があると思います。

特に、「組織内の悪」が「組織外の悪」に転換していくプロセスをつぶさに描いているという意味で、「提婆達多品」は今読んでこそ時宜《じぎ》にかなっていると言えます。

というのも、創価学会機関紙の一つである『創価新報』が詳しく報じていますが、元学会本部職員でありながら、問題を起こして除名処分となり、その後学会批判に転じた勢力が、最近複数登場してきたからです。当連載がこのタイミングで「提婆達多品」にさしかかったことにも、何か不思議な暗合《あんごう》（偶然の一致）のようなものを感じます。

――佐藤さんは、「提婆達多になってしまっているのか否か」を見極めるための基準線は、どういうところにあるとお考えですか。

佐藤　これは外部の人間による一つの意見としてお聞きいただきたいのですが、創価学会の場合はやはり、「会憲《かいけん》」にも定められた三代会長の位置づけが、一つのメルクマール（指標）となるように思います。

「会憲」では、三代会長を「広宣流布《こうせんるふ》の永遠の師匠」としています。そこから逸脱《いつだつ》して、たとえば三代会長を軽《かろ》んじて「日蓮大聖人に還《かえ》れ！」と主張するとか、三代会長のなかでも牧口常三郎《つねさぶろう》初代会長・戸田城聖《じょうせい》第二代会長だけを重んじて、池田会長を切り離そうとするとか……さまざまな〝逸脱のパターン〟が考えられます。要は、三代会長の位置づけを我見《がけん》でゆがめている人は、どんなに立派なことを言っていても、「提婆達多になってしまっている」と言えるのではないでしょうか。

一つの例を挙げます。二〇一七年末に刊行された、ある学会員が著者となった本には、「ポスト池田時代の公明党支援の論理」という項目がありました。「ポスト池田時代」などという言葉を使っていること自体、会憲に定められた三代会長の位置づけからの逸脱です。なぜなら、三代会長を「広宣流布の永遠の師匠」と位置づける会憲は、〝創価学会の現体制と池田会長以後の体制には、何の断絶もない〟と捉える立場だからです。それに対してこの著者は、これまでの創価学会と「ポスト池田時代」の体制には明確な断絶がある、と考える立場なのです。そして、「ポスト池田」なる発想それ自体が、会憲を否定する立場なのだと、私は思います。

私たちキリスト教徒にとって、「ポスト・イエス・キリスト時代」などというものは、そもそも想定すらできません。それと同じくらい、熱心な学会員の方にとって、「ポスト池田時代」という言葉は奇妙に聞こえるのではないでしょうか。池田会長は「永遠の師匠」なのですから。

「能力の高い悪人」が最も罪深い

――提婆達多が釈尊の教団を飛び出してから立ち上げた教団は、その後約千年にわたってインド社会に存続したともいわれています。それだけ、オルガナイザーとしての力を持っていた人物だったわけですね。

佐藤　そう思います。提婆達多は極めて能力の高い悪人――日蓮大聖人の言葉を借りれば「才能ある畜生《ちくしょう》」(「開目抄《かいもくしょう》」の一節で、釈尊の心を理解せずに邪義を構える学者たちのたとえ／御書二一五ページ)のごとき人物だったわけです。

日本人は長い間、「能力の高い人間は、それに見合った高い倫理観と志《こころざし》を持っているはずだ」という幻想を抱いてきました。大日本帝国憲法下で行われていた「制限選挙」も、その幻想の表れでした。国税十五円以上を納めている者にのみ選挙権を与える、などという制限は、「それだけ能力のある人間は倫理観も志も高いはずだから、政治はそういう人に任せておけばよい」という発想で行われていたのです。

しかし実際には、能力の高さと倫理観の高さには何の関係もありません。卑近《ひきん》な例を挙げます。日本で最も能力の高い官僚が集まるのは財務省ですが、そのトップである福田淳一《じゅんいち》元財務事務次官が女性記者に対する破廉恥《はれんち》なセクハラ事件で失脚したのは、ご存じのとおりです。「胸触っていい?」ということを意味する卑猥《ひわい》語が新聞の一面に載ったのは、明治初期の日本に新聞が誕生して以来、初めてかもしれません(笑)。あの事件こそ、「能力と倫理観は別物であること」の証左《しょうさ》です。もちろん、能力が高くて道徳性が高い人もいます。しかし、「能力が高いから道徳性も高い」とは言えないのです。

提婆達多は、「能力が高くて道徳性の低い人間」でした。これは、「能力が低くて道徳性が低い人」よりもはるかに厄介《やっかい》な存在です。高い能力によって、大勢の人を悪の道に引きずり込んでしまうからです。

――提婆達多の場合、偽善的な側面もあって、釈尊の教団よりも厳しい戒律を打ち出したようです。そのことで、「戒律の緩《ゆる》い釈尊の教団は堕落《だらく》している！」と訴えたのです。

佐藤　『法華経の智慧』にあるとおり、「**当時のインドでは修行者が禁欲に努めることを尊《とうと》ぶ気風があったので**」（中巻一九ページ）、厳格な戒律によって支持者を集めることができると考えたのでしょう。

古今東西《ここんとうざい》を問わず、教団の分派活動を行う者は決まって、「自分たちのほうが正統的で正しい」と主張するものなのですね。提婆達多は、その原型のような存在と言えます。

――釈尊の教団が、提婆達多の教団よりも大らかな戒律を採用していたのは、「中道」

を重んじたからですね。厳しすぎる極端な戒律は「中道」とは言えませんから。ところが、一部の人からは釈尊の中道が、厳格さに欠ける「緩い」ものに思えたのでしょう。

佐藤 そのことを別の角度から考えるなら、釈尊は古代インドにおいてすでに、世界宗教を志向していたのだと思います。世界宗教とは一部のエリートのためにあるものではなく、民衆・大衆の救済をこそ目的としています。極端に厳しい戒律を打ち出してしまったら、民衆はついていけません。その戒律に耐え得る、ごく一部のエリートのためだけの宗教になってしまうのです。

自らの教えがインド一国にとどまるものではなく、やがては世界に広まっていくことを、釈尊は確信していたのだと思います。だからこそ、戒律においても中道を重んじた。

この章で、池田会長はそのことを、次のようなわかりやすい言葉で説明しています。

「釈尊の教団は、厳しいなかにも、中道の大らかさがあった。そうでなければ、多く

の人を包容することはできないからです。多くの人を『善の軌道』に乗せて幸福へと導くために、仏道修行があり、戒律がある。それが戒律そのものが目的となって、いたずらに人を苦しめるのでは本末転倒《ほんまつてんとう》です。あれはだめ、これはだめという外からの規制によって人々を縛るような宗教は、民衆の心をとらえることはできないでしょう」（中巻二〇ページ）

提婆達多の教団が打ち出した厳しい戒律も、一部エリートのための宗教を目指すのならそれでよかったでしょう。しかし、世界宗教を目指すのなら、あり得ない。提婆達多の教団がインド一国のみにとどまり、最後は消滅したというのも、ある意味で必然だったのです。まあ、提婆達多は自らの野心のために教団をつくったにすぎず、そもそも民衆救済など眼中になかったのかもしれませんが……。

極端な苦行主義には必ず「反動」がある

佐藤　それと、私がこの章を読んで思ったのは、提婆達多の教団は日蓮正宗宗門と似ているな、ということです。宗門も、特に本山での所化小僧《しょけこぞう》に対する扱いなどは、かなり苦行主義だと聞いています。

――夜中にたたき起こされて「丑寅勤行《うしとらごんぎょう》」をさせられたり、薄い衣一枚で寒さに耐えさせられたり、先輩僧侶《そうりょ》に叱《しか》られるときには殴《なぐ》られたり、暴力が横行していたといった証言がありますね。まるで旧日本軍のようなゆがんだ精神主義・苦行主義的傾向があるのでしょう。

佐藤　そのくせ、大人の僧侶たちは位《くらい》が上になるほど贅沢三昧《ぜいたくざんまい》で、芸者遊びをしたり、快楽主義的ですよね。私は、宗門のそうしたありようは、あらゆる教団に起こり得ることだと思います。極端な苦行主義を打ち出す教団は、裏では決まって快楽主義に走る……人間の心には、そのようなバランスが働くものなのです。だから、厳格な戒律を掲げていたという提婆達多の教団も、陰では上層部ほど快楽主義に走っていたはずです。極端な苦行主義・禁欲主義は、必ずその反動で極端な快楽主義を生むのです。

キリスト教の歴史を見てもそうです。プロテスタントには修道院がありません。なぜなくしたかというと、カトリックの修道院が清貧《せいひん》を貫いているように見えて、裏ではムチャクチャをやっていたケースが多いことを、よく知っていたからです。

そういえば、遠藤周作の小説を名匠マーティン・スコセッシ監督が映画化した『沈黙―サイレンス―』(二〇一六年)を、同志社大学神学部での教え子たちと一緒に観たのですが、そのときに彼らの一人が述べた感想に、私はいたく感心しました。

――江戸時代のキリシタン弾圧を描いた作品ですね。

佐藤　はい。大変よくできた映画ではあるのですが、その教え子は私にこう言ったんです。

「佐藤先生、これってカトリックのプロパガンダ映画じゃないですか？ 舞台になっている一六三三年といえば、ヨーロッパでは『三十年戦争』（プロテスタントとカトリックの対立から起きた、最後にして最大の宗教戦争）のさなかです。当時のカトリック、特にイエズス会は、プロテスタントの大量殺戮《さつりく》を行い、ヨーロッパを武力によって統合しようとしていました。アジアにおいてだけ違う路線を取っていたはずがありません。

作家の遠藤周作（共同通信社）

それに、この映画は隠れキリシタンたちの殉教《じゅんきょう》を美化して描いていますが、あれほど国家権力と対峙《たいじ》するところまで信徒を追い込むやり方が、教団のあり方として果たして正しいのでしょうか？　イエズス会は信徒に極端な苦行を強要し、彼らが殉教を望むように仕向けているとしか思えません。それに、十字架とかロザリオとかの物を神聖視して、命を粗末にするところも理解に苦しみます」と……。

「この学生はちゃんと自分の頭で考えている」と私は感心したのですが、言われてみれば確かに、あの映画のなかのイエズス会宣教師《せんきょうし》たちには、「提婆達多的なるもの」が感じられます。極端な苦行主義、聖人の顔の裏に隠された野心、生命軽視の姿勢などです。それは、釈尊の中道主義、生命重視の姿勢の対極にあります。

やはり、極端に走らない中道の生き方こそが、いちばん人間らしい生き方なのでしょう。創価学会の皆さんは、仏法の中道主義を正しく受け継いでいると、私は思います。

2

「衆生の救済」こそ、究極の善

知識・技術そのものに善悪はない

――ここからは、「提婆達多品《だいばだったほん》」の章の前半で論じられる「悪人成仏《じょうぶつ》」について、さらに読み解いていきたいと思います。

佐藤　この章は、「悪とは何か?」という哲学・思想上の大テーマを考えるうえでも、示唆《しさ》に富む内容ですね。

たとえば、池田会長の「**知識は善人をいっそう善人にし、悪人をいっそう悪くするものです**」（中巻一六ページ）という発言があります。これなどは、知識や科学技術と善悪の関係を論ずるときに引用したくなるような、実に鋭いフレーズだと思います。

非常によく切れる包丁を使って、おいしい料理を作って人を喜ばせることもできれば、人を殺すこともできる。最先端の科学技術を、多くの人を救うために用いることもできれば、大量殺人に用いることもできます。このように、知識も科学技術も本来は価値中立的で、そこには善も悪もありません。それを用いる人の心・一念によって、善悪が決まる。創価学会の歴史を振り返っても、弁護士としての知識や能力を最大限に悪用して、組織を攪乱《かくらん》した反逆者も過去にはいましたね。

――ちなみに、その反逆者は「現代の提婆達多」とも呼ばれていたようです。釈尊《しゃくそん》の教団を攪乱した提婆達多のような悪人は、古今東西《ここんとうざい》、どの宗教の内部にも必ず出現するということだと思います。

佐藤　ところで、「知識と悪」「技術と悪」について考えてみると、文系よりも理系のほうに、知識や技術の悪用に走りやすいという傾向性が見られると思います。それは故なきことではありません。理系の学問の多くは、リッカート（ドイツの哲学者）が言うところの「法則定立的」な研究――すなわち〝実験が可能で、そこから法則を導き出す形の研究をする学問〟です。だからこそ、そこでは理性が研究の基準になり、「理性ですべてが割り切れる」「ロジック（論理）は万能である」という、理性に対する過信に陥《おちい》りがちなのです。そこに、知識や科学技術の悪用という〝暴走〟が起こる素地《そじ》もある。

――そう考えると、昨今の大学改革における文系軽視・理系重視の趨勢《すうせい》、「文系学部廃止」という動きも、リスクを孕《はら》んでいますね。

佐藤　そう思います。大学改革における「文系学部廃止」は、この国のエリート層による「民衆から『知』を取り去っていこう」という動きなのではないかと、私は危惧《きぐ》しています。『論語』に「由《よ》らしむべし知らしむべからず」という有名な一節があるように、民衆が無知で愚かであってくれたほうが統治しやすいからです。

それに対して、創価学会は「民衆を賢明にしよう」というベクトルを持った団体ですね。毎年の「教学部任用試験」や、毎月の座談会で行われるさまざまな学習など、学会組織のなかには学ぶ機会が草の根レベルでたくさん用意されています。素晴らしい民衆教育運動だと思います。

池田会長はごく早い時期から、司法・立法・行政の「三権」と並ぶ第四権としての「教育権」の独立を提言されていました。大学紛争の時代に、教育の尊厳を確保するために主張されたのがきっかけであったようですが、それは同時に、〝権力や悪人にだまされないためには、民衆の側が賢くならなければならない〟という意図からの提言ではなかったかと、私は推察します。

会員たちが常に学び続けて賢明であれば、提婆達多的な悪人が組織のなかに出現したときにも、その言葉に惑わされることはないのです。

「自らの内なる悪」と戦い続ける

佐藤　「提婆達多品」の章を学んで私が感銘を受けたのは、法華経の、ひいては池田会長の捉《とら》え方が、単純な善悪二元論とはまったく隔絶《かくぜつ》している点です。提婆達多は悪人ではあるけれど、彼の生命のなかにも仏性《ぶっしょう》はある。逆に、仏の生命のなかにも悪は存在する。だからこそ、われわれ一人一人は常に「自《みずか》らの内なる悪」と戦い続けていかなければならない……そのように捉えるのですね。

その点について池田会長は、次のように語られています。

「法華経の一念三千は、究極の内省の哲学です。自分は特別に尊《とうと》いのだ、などという傲《おご》りをだれ人にも許さない平等の哲学です。人間尊厳の哲学です。

極善《ごくぜん》の仏にも、悪の生命が具《そな》わり、極悪の提婆にも、仏の生命が具わると見る。そのうえで、『悪との戦い』を続けているか否《いな》かによって、現実は、善と悪の軌道に、

遠く正反対に分かれてしまう。そして、じつは、この一点に、提婆達多品を読むカギがある」（中巻二一一〜二一二ページ）

――「一人の人間のなかには善悪両面があって、それはコインの裏表のようなものだ」という人がよくいますね。しかしそれでは、片面が善で、もう片面が悪、という形で善悪を固定的に捉えてしまっているとも言えるわけです。仏教においても、法華経以前の爾前経《にぜんきょう》においては、善悪は固定的に捉えられています。

しかし法華経では、そのように固定化することすらできないほど、変化してやまないのが生命の実相《じっそう》だと捉えています。善も悪も十界《じっかい》の生命の表れですから、常に一念に沿って変化していくのです。そうした捉え方に立ったうえで、「善悪不二《ふに》」だと捉える。

佐藤さんは創価学会の特徴について、よく「動的・生成的《せいせい》」という言葉で表現されますが、善悪の捉え方もまた「動的・生成的」だと言えますね。

佐藤　よくわかります。善も悪も一瞬一瞬の生命の変化のなかで「生成」されていく。だからこそ、「内なる悪」と戦い続けなければならないわけですね。そのことを、池田会長は次のように簡潔明瞭《めいりょう》に説明されています。

「成仏するには『内なる悪』に勝利しきらなければならない。具体的には『外なる悪』と戦い、勝たねばならない。悪と戦うことによって、生命が鍛えられ、浄《きよ》められ、成仏するのです。極悪と戦うから、極善になるのです」（中巻二九ページ）

このように、自らの内にも「提婆達多的なるもの」があると常に戒《いまし》めていれば、傲《ごう》慢《まん》になることはなく、常に謙虚でいられるでしょう。創価学会の皆さんが総じて謙虚であるのも、一つには、そのような思想が根底にあるからだと思います。

善と悪は「関係性」である

佐藤　それから、池田会長の次の言葉にも、私は強い印象を受けました。

「孔子やイエス・キリストやマホメット（ムハンマド）が、もし釈尊に会ったら背《そむ》くことはないだろう、とも牧口先生は言われていた。なぜならば『彼らはただ等しく自己を空《むな》しうして、衆生《しゅじょう》を救済しようとするに余念がないからであって、エゴイストではないからである』と。

牧口先生は、衆生の救済に究極の善を見ておられたようだ。反対に、自分の利害だけを考えるエゴイズムは悪の根源です」（中巻二五ページ）

ここには、創価学会の考える善悪の基準が定義されています。「衆生の救済」こそ究極の善である。また、「衆生の救済」という共通の大目的に立つ他宗教とは連帯できる、と……。

ここに挙げられている例はいずれも世界宗教であり、だからこそ連帯可能なのだとも言えます。世界宗教は衆生救済に余念がないので、創価学会や池田会長に難癖《なんくせ》をつけるなどということは、最初から眼中にないですから。

これから創価学会と対話しようと考えている他宗教の人たちも、この一節に注目すべきだと思います。かつての「折伏大行進《しゃくぶく》」の時代の記憶がいまだに根強く残っていて、「創価学会は他宗教を激しく攻撃する教団」というイメージを抱《いだ》いている人も多いかと思いますが、決してそうではない。衆生救済に余念がない宗教なら、創価学会／SGIと対話可能・連帯可能だということです。

これは、ある意味でキリスト教における「エキュメニズム」（教派を超えた結束を目指す教会再一致運動）に近い考え方です。

——創価学会が広範に推進してきた宗教間対話も、「人類的課題の解決のため、異なる宗教が協力して取り組みましょう」という呼びかけのもとに行われてきたものですから、確かにエキュメニズムに近い側面があるとも言えます。

佐藤　私がこの章の善悪論に魅力を感じるのは、それが「一人の生命のなかには善も悪もあるんだから、悪人も悪人のままでよいのだ」などという、手放しの悪の肯定ではない点です。そういう捉え方では、天台本覚《ほんがく》思想（本来仏なので、修行の必要がないと考える思想）のようになってしまう。創価学会はそうではなく、常に悪と戦うことによって自己の生命を磨き、悪をも善に変えていくという思想ですね。非常に動的に、ダイナミックに善悪を捉えている。

しかし同時に、「創価学会の味方だけしか認めない。他は悪である」という偏狭《へんきょう》な姿勢ではない。「衆生の救済」という究極の善を志向する宗教に対しては、対話し、連帯し、時には共闘できる柔軟さを持っている。

――そうですね。そうした柔軟さの根底にあるのは、善悪は一念の変化に応じて常に変化していくという捉え方であり、この章で展開されている「善悪は『関係性』」というもう一つの善悪論でしょう。

佐藤　池田会長が、次のように説明されている部分ですね。

「たとえば『瞋恚《しんに》は善悪に通ずる者なり』(御書五八四ページ)と大聖人は言われている。悪への正義の怒りは善。エゴの怒りは悪。怒りそのものが善いとか悪いとかは言えません。善悪は『関係性』です。だからこそ、積極的に『善の関係』を創っていく

ことです」（中巻三四ページ）

この「善悪は『関係性』」という考え方の前提にあるのは、仏法の「縁起《えんぎ》」の思想でしょうね。森羅万象《しんらばんしょう》は相互に関係し合って成り立っているから、何らかの「縁」に触れて善悪の心も生じてくる、ということです。

たとえば、日蓮大聖人を迫害し抜いた鎌倉時代の高僧・極楽寺良観（忍性《にんしょう》）は、当時の人々から「生き仏」と崇《あが》められていたそうです。仮に日蓮大聖人と同時代に生まれなかったら、あるいは関わりを持たなかったら、生き仏のまま一生を終えられたかもしれません。しかし、日蓮大聖人という「縁」に触れたとき、嫉妬や恐れの心がわき上がったのか、幕府権力と結託して日蓮迫害に血道を上げ、悪となった。まさに、「善悪は『関係性』」です。

あるいはまた、東日本大震災のような大災害が起きたとき、被災地の学会員の皆さんが、自らも被災者であるにもかかわらず、目の前で苦しんでいる他の被災者を救おうと懸命《けんめい》になる姿――それは災害という「縁」に触れ、「地涌《じゆ》の菩薩《ぼさつ》」としての慈悲の心がわき起こったということでしょうから、関係性から生まれた善の心と言えそうです。

「偏狭さ」とのぎりぎりの戦い

佐藤　それから、私はこの章を読んで、「自らの内なる悪」との戦いとは、「偏狭さ」との戦いでもあると感じました。

前回も俎上《そじょう》に載せましたが、提婆達多が釈尊の教団を飛び出して立ち上げた教団は、非常に厳格で禁欲主義的だったと伝えられています。それは別の言い方をすれば「偏狭だった」ということでもあります。その偏狭さによって、他者をすぐに断罪し、また、「自分たちこそ真理を体現し、正しい教えを受け継いでいる」という、ゆがんだエリート意識を持つ教団でもあったのでしょう。そのような偏狭さは、提婆達多の教団に限らず、世界宗教から分派していった人たちの共通項なのです。

世界宗教は、本質的に寛容性を持っています。なぜなら、異なる文化・民族・イデオロギーのなかに分け入って広がっていくためには、寛容でなければならないからです。その寛容さにどうしてもなじめない人たちが、飛び出して偏狭な分派をつくるのです。

――世間では、「創価学会は寛容性から遠い」と誤解されている面がありますが……。

佐藤 それは、創価学会員の人と接したことがあまりなくて、先入観でそう思い込んでいるだけだと思います。実際に付き合ってみれば、学会員の皆さんは実に寛容で、他者を尊重する心を持っていることがわかるはずです。また、世界百九十二カ国・地域にSGIが広がり、多様な宗教や文化を持つ各国社会にスムーズに受け入れられていることは、創価学会の寛容性の何よりの証左《しょうさ》でしょう。

学会員の皆さんの寛容さ・他者を尊重する心は、日々勤行《ごんぎょう》し、活動して、生命力をわき立たせ、自信を持つことによって生まれる面があると思います。それに対して、活動から離れ、勤行もしなくなっていくと、だんだん心が偏狭になっていく（笑）。

さまざまな偏狭さは悪の一つでもありますから、自らの内なる偏狭さとも戦っていかないといけない。そこにも、終わりのない悪との戦いがあるのだと思います。

各国SGIが現地の他宗教と上手に共存しているように、創価学会も近年は、日蓮正宗以外の宗派については「邪宗」ではなく「他宗」と呼ぶようになって、共存の方向性を示しています。それは寛容さの表れでもありますが、そこで難しいのは神道《しんとう》との付き合い方です。

創価学会は国家神道から弾圧されたにもかかわらず、今は神道とも上手に共存しています。ただ、あまりにも神道に対して寛容でありすぎると、そこには危《あや》うさもあります。「神道は慣習であって宗教ではない」などと言い出して、国家神道復活を目論《もくろ》む勢力も、少しずつ力を蓄えてきているからです。そこに対する警戒の念を、創価学会・公明党は常に厳しく持たなければいけないと思います。国家神道自体が、一つの宗教を国民に強要するという偏狭なナショナリズムそのものであり、まぎれもない悪だったのですから……。

そのうえで内なる偏狭さを排していかなければならないという、ぎりぎりの戦いがそこにはあるのです。

「提婆達多的なるもの」を見抜くには

――この章では提婆達多について、池田会長が次のように評するくだりがあります。

「彼の奥底《おうてい》の一念が、『信仰者』の一念ではなく、『野心家』の一念だったのではないだろうか。『信仰者』とは『自分を支配しよう』とする人間です。『野心家』あるいは『権力者』とは、『他人を支配しよう』とする人間です。

『信仰者』は、自分が動き、自分が苦労し、自分と戦う人間です。『権力者』は、人を動かし、人に苦労をさせ、自分を見つめない人間です。提婆達多は、慢心のためか、自分で自分を見つめられなくなってしまった。結局、信仰者としての軌道を踏み外してしまったのです」(中巻一六ページ)

佐藤　提婆達多的な悪の本質が、鮮やかに切り取られた一節だと思います。

――前回、佐藤さんは、〝創価学会「会憲《かいけん》」の三代会長の定義から逸脱《いつだつ》しているか否かが、提婆達多的存在か否かの基準だ〟と言われました。今回は今引用した一節をふまえ、分派活動的なことをする者が「信仰者」か「野心家」かを見分ける方法について、教えていただければと思います。

佐藤　あくまで私の見方ですが、創価学会の組織内で、「ここは改善したほうがいいのでは？」と自由に建設的意見を述べ合うこと自体は、大いにあっていいと思います。ただ、その意見を、自分の所属組織の責任者に述べるのではなく、学会本部に直接申し立てるとなると、最初の危険信号が灯《とも》る気がしますね。とはいえ、所属組織の長に何らかの問題があって、本部に出向かないと埒《らち》が明かないケースもあるかもしれないので、それだけでは「野心家」とは決めつけられません。

次の段階として、何らかの外部組織に対して、あるいは自分のブログや自費出版の書籍を通じて、創価学会のあり方について異議申し立てを発信することがある。

そして、決定的な分水嶺《ぶんすいれい》として、外部の商業媒体に学会批判を寄稿することが挙げられます。そこには原稿料ないし印税が発生しますから、「金儲《もう》けでやっている」ことになる。あるいは、そのことを通じて自分が有名になりたいという野心の発露《はつろ》とも考えられる。ここまできたら、もうはっきり分派活動と見なせるし、提婆達多的な野心家になってしまったと判断せざるを得ないでしょう。

また、そこまでやってなお創価学会のなかにとどまり続けるなら、それは昔の新左翼でいう「加入戦術」のようなものとしか考えられません。この章で言う、提婆達多が「慢心のためか、自分で自分を見つめられなくなってしまった」姿と同じだと思いますね。

この提婆達多品の章は、そのような悪の本質を見抜く眼を養うためにも必読だと思います。

3

悪は「善の炎」のための薪となる

「提婆達多的なるもの」を警戒すべし

――前回、「提婆達多品《だいばだったほん》」の章は、組織内に巣くう反逆者の本質を見抜く眼を養うためにも重要だ」というお話がありました。とても重要な論点だと思いますので、もう少し、このテーマで話を続けたいと思います。

佐藤 提婆達多は釈尊《しゃくそん》の教団に身を置きながら逆心《ぎゃくしん》を抱《いだ》き、三度にわたって釈尊に

「私に教団の統率権を渡せ」と要求したそうですね。

その都度諫《いさ》められながらも悔い改めず、同調者を引き連れて教団を飛び出した、とか……。最近、創価学会内にも、公然と原田稔会長ら執行部を批判する人が出てきているわけで、その人たちの主張は、本質的には提婆達多と変わらないのではないでしょうか。だからこそ、提婆達多品の章は、学会員の皆さんが今こそあらためて学ぶべき章となっていると思います。

この章では「悪との闘争」が重要なテーマとなっていますが、それは言い換えれば、組織内に反逆者的存在が出現したとき、「自分はああなってはいけない」という反面教師として捉《とら》えられるか否《いな》かということだと思います。

組織が大きくなればなるほど、必然的に不満分子が出現するようになります。そして、不満分子たちから見ると、反逆者は反面教師ではなく「教師」、すなわち見習うべき模範のように見えてしまうこともあるのです。そして、不満分子を糾合《きゅうごう》するような論理を打ち出し、旗を振る人間が現れると、個々の「点」として存在していた不満分子がそこに集まってきて、敵対勢力になっていくのです。

——そのように、旗を振って不満分子を糾合する者が、まさに「提婆達多的なるもの」なのですね。

佐藤 そう思います。創価学会も「宗教法人」である以上、会社などの「法人」と似てくる面はあります。本質的な違いはあるにせよ、外形的には似てくる。だからこそ、会社に対して不満を持つ社員が必ずいるように、学会組織に対して不満を抱く人も、必然的に存在するものです。

同じように不満を抱いても、静かに学会を去っていく人もいれば、大騒ぎして去っていく人もいます。そして三つ目のパターンとしては、去らずに組織のなかに身を置きながら、虎視眈々《こしたんたん》と反逆の好機をうかがい、他の不満分子にアプローチして勢力を広げていく「がん細胞」のような人がいます。つまり、不満分子にも三つの類型があるわけです。

このうち、特に警戒し、戦わなければならない悪は三つ目の類型で、それこそが「提婆達多的なるもの」なのです。

悪を「善知識」として活かしていく

――「反面教師」というお話が出ましたが、この章にもそのような論点が出てきますね。法華経の「提婆達多品」には、釈尊が成仏《じょうぶつ》したのは「皆《みな》提婆達多の善知識に因《よ》るが故なり」と説かれています。つまり、提婆達多がいなければ、釈尊も仏にはなれなかったというのです。しかも法華経には、「過去世においては提婆達多が釈尊の師匠であったこともある」とさえ説かれています。

佐藤　はい。善悪を固定的に捉えず、究極的には「善悪不二《ふに》」なのだと捉える法華経らしい視座《しざ》ですね。ただし、提婆達多的な悪が「善知識」（人々を成仏の道に導いてくれる人）として活《い》かされるためには、その悪と戦い抜くことが前提条件となる、と池田会長は言われていますね。

「釈尊が提婆達多に勝ったからこそ、提婆の『悪』が釈尊の『善』を証明することになった。悪に負けてしまえば、提婆が善知識であったとは、とても言えない。（中略）悪もまた善を顕《あらわ》す働きをするのであれば、悪の全体がそのまま善になります。まさに善悪不二です。しかし、自然のままに放置していて、悪が善になるのではない。悪と戦い、完膚《かんぷ》なきまで打ち勝って、初めて善悪不二となるのです。

その意味で、提婆品の『悪人成仏』とは、釈尊による『善の勝利』の偉大な証明です。勝利宣言です。その『勝者』の境涯《きょうがい》の高みに立って初めて、提婆が過去の善知識であり、自分の師匠であって、今世で自分の化導《けどう》を助けてくれたのだと言えるのです」（中巻二七～二八ページ）

まさに、深い次元において提婆達多は反面教師であったわけですね。そして、古代インドにおいてこれほど深遠な「善と悪の哲学」が生まれていたことに、あらためて驚かされます。

前にも話題にのぼった、「瞋恚《しんに》は善悪に通ずる者なり」（御書五八四ページ）という日蓮大聖人の言葉もしかりです。この言葉は「悪への正義の怒りは善だが、エゴの怒りは悪だ」という意味だと捉えられます。要するにこれは、「怒りにもベクトルの違いがある」ということですね。

――日蓮大聖人も、自《みずか》らを迫害した極楽寺良観や平左衛門尉《へいのさえもんのじょう》らのことを「日蓮が仏にならん第一のかたうど」(御書九一七ページ)、つまり「味方(方人《かたうど》)」であり「善知識」であったと述べています。

佐藤　それもまた、日蓮大聖人が迫害者に勝利されたからこそそう言えるわけです。そのことについて池田会長は、次のように語られています。

「御本仏を迫害した『悪』の存在をも『善』に変えてしまわれた。実際、大聖人や釈尊のそういう戦いの模範があったからこそ、後世の私どもは『正道《しょうどう》』がどこにあるか分かる。その意味で、提婆も平左衛門尉たちも、反面教師として、後世に『善の道』を示してくれている、と言えるでしょう。

創価学会も、ありとあらゆる迫害・弾圧・策謀に全部、打ち勝ってきました。その戦いによって、皆の信心が深まり、強くなった。難もなく、簡単に広宣流布《こうせんるふ》ができたら、鍛えの場がなく、成仏する修行の場がなくなってしまう。(中略)一切の悪を、善の炎がいや増して燃えさかるための薪《たきぎ》としていくのです」(中巻三〇ページ)

「悪を『善の炎』のための薪としていく」とは、含蓄《がんちく》深い言葉ですね。実際、池田会長は自らを迫害した日蓮正宗宗門を「薪」とし、勝利することによって、創価学会の世界宗教化に向けて飛翔されたのだと思います。

――一九九〇年代初頭からの第二次宗門事件当時、池田会長は繰り返し、宗門の悪と戦い抜くことの大切さを指摘しました。その言葉に込められた真意も、『法華経の智《ち》慧《え》』のこの章を読むことであらためて深く理解できます。

世の中には、一般論として「悪とは関係なくわが道を歩めばそれでよいのだ」という道徳観があると思います。第二次宗門事件が発生した当時にも、「宗門からは破門《はもん》されたし、もう関係ないのだから、放っておけばいいじゃないか」という声も一部にはあったようです。しかし、それではだめなのだということが、この章で牧口初代会長の言葉を通じて語られています。「善《よ》いことをしないのは、悪いことをするのと同じ」「悪と戦わないのは、悪をなすのと同じ」だと……。

佐藤　牧口会長はそのことを、〝列車の線路の上に石を置く人を見て放置し、そのことが列車の転覆《てんぷく》を招いたなら、放置した人も石を置いた人と同じ悪になってしまう〟というたとえで説明されています。

戦時中の日本の軍国主義の流れというのは、言ってみれば「線路の上に石を置くことが正義だ」というくらいの狂乱の道を歩んでいたわけです。それを放置しておけば、必ず列車の転覆、すなわち日本が滅ぶという結果を招く。だからこそ声を挙げて戦ったのが牧口会長であり、戸田第二代会長であったわけですね。「悪と戦わないのは、悪をなすのと同じだ」という言葉には、その実感が込められていたのだと思います。

「仏法は勝負」に込められた思い

佐藤　この章には直接名前が出てきませんが、池田会長らが提婆達多について語るとき、日蓮正宗の阿部日顕《にっけん》前法主《ほっす》も念頭に置かれているのではないでしょうか？

――日蓮大聖人が平左衛門尉や極楽寺良観らを「日蓮が仏にならん第一のかたうど」と呼んだように、日顕前法主が創価学会を迫害したからこそ、学会は宗門という鉄鎖《てっさ》を断ち切り、世界宗教へと飛翔する「時」を迎えたと言えます。「今にして思えば」ということになりますが、彼は創価学会にとっての「善知識」として位置づけることが可能になったのかもしれません。もちろん、それは創価学会が宗門と徹して戦い抜き、勝利したからこそそう言えるわけですが……。

佐藤　そのことのアナロジー（類推《るいすい》）で私が思い浮かべるのは、キリスト教の『新約聖書』の「汝《なんじ》の敵を愛せよ」という名高い言葉です。一般に、あの言葉はキリスト教の「博愛主義」を象徴するものとして捉えられています。しかし、そうではありません。「汝の敵を愛せよ」という言葉は、「敵と味方を峻別《しゅんべつ》せよ」ということが前提にあるわけですから。つまり、「敵をも味方と捉えて愛せ」という意味ではない。敵はあくまでも敵なのです。その意味で、博愛主義どころかむしろ戦闘的な言葉なのです。

私はあの言葉を、こう解釈しています。「敵というものは、『愛する』というくらいの感覚で向き合わないといけない。それくらい冷静でなければ、彼我《ひが》の関係や敵の強さなどを正しく判断できない。憎しみが先に立つと、敵に対する評価を誤《あやま》ってしまう」という意味なのだと。

――なるほど。一般に「博愛の宗教」と捉えられがちなキリスト教にも、そのような、よい意味での戦闘性と「勝負勘」のようなものがあるわけですね。

池田会長は、しばしば「仏法は勝負」という言葉を用います。そのことを捉えて、ある宗門の僧侶《そうりょ》は「仏教は慈悲の宗教なのだから、あんなふうに勝負、勝負と強調するのはおかしい」と批判していました。しかし、それはまったく間違った理解であって、現実のなかで広宣流布を推進し、個々の学会員が幸福になっていくためには、あらゆる局面を「勝負」と捉えて勝ち進んでいくことが必要です。

佐藤　池田会長の「仏法は勝負」という言葉は、創価学会のリーダーとしての責任感から発せられるものなのでしょう。創価学会は観念の幸せを追い求める宗教ではなく、現実をダイナミックに変えていくことを志向した「此岸性《しがん》」の宗教ですからね。

また、この連載でも触れたとおり（本書第一章）、原始仏典のなかにも「仏の別名は『勝者』」という一節があるのですから、「仏教は慈悲の宗教なのに勝負を強調するのはおかしい」というその僧侶の認識は、仏教の本義から見ても偏《かたよ》っていると思います。そもそも、慈悲と勝負を対立概念のように言うこと自体がおかしい。むしろ、池田思想から言えば「勝負即慈悲」であって、「仏法は勝負」という言葉それ自体が、深い慈悲の心を孕《はら》んでいるのだと思います。

今にして思えば、日蓮正宗宗門のような封建的《ほうけん》、反動的組織と対峙《たいじ》したからこそ、創価学会の「人間主義」は鍛えられ、磨かれていったわけですね。私はプロテスタントのキリスト教徒の一人として、そのことがしみじみ納得できます。中世ヨーロッパにおいてカトリックの聖職者たちが堕落《だらく》し、本来のキリスト教から逸脱《いつだつ》していたからこそ、宗教改革が起こり、プロテスタントが生まれた……そのことと同じ構造だと思うからです。

——そうですね。第二次宗門事件当時、創価学会ではよく「平成の宗教改革」という言葉を用いていました。

佐藤　宗教改革が「本来のキリストの教えに還《かえ》れ」という運動だったように、創価学会が推し進めた「平成の宗教改革」は、堕落した僧侶に「否」を突きつけ、「本来の日蓮大聖人の教えに還れ」と叫ぶ運動だったわけですね。提婆達多のような役割を果たす人間が現れたからこそ、池田会長を中心とした宗教改革が起きたのです。仮に、中世のカトリックの聖職者が堕落していなかったら、マルティン・ルターも一修道士として静かに人生を終えていたでしょうし、あの時代に宗教改革は起きなかったでしょう。人はある時代に生まれ合わせることによって、使命を背負うわけです。

昭和五十年代に起きた第一次宗門事件の際は、創価学会側にもかなりの退転者が出たと聞いています。しかし、学会員の皆さんがその悲劇を乗り越え、いっそう賢明になったからこそ、平成になって起きた第二次宗門事件に際しては、退転者は比較的少なかったわけですね。

そう考えると、第二次宗門事件を乗り越えた今の創価学会員の皆さんは、「提婆達多的なるもの」の正体を見抜く眼も、以前より研《と》ぎ澄まされているのではないでしょうか。というのも、第二次宗門事件の一連の流れを通じて、日顕に限らず、提婆達多的な人間はたくさん出現したはずだからです。

人々を結合させる「善の力」

——佐藤さんもおっしゃるとおり、この提婆達多品の章の前半は、「善悪論」として多彩で深い内容だと思います。前半の最後に、善と悪を見分ける基準について、池田会長が結論的に述べた次のようなくだりがあります。

「善と悪については古今東西《ここんとうざい》、さまざまな哲学的議論がある。それをたどることは今はしないが、ともかく『生命こそ目的であり、生命を手段にしてはならない』。

これが大前提です。その尊極《そんごく》の生命をより豊かにし、より輝かせるのが善。生命を萎縮《いしゅく》させ、手段にするのが悪と言えるでしょう。

また『結合は善』『分断は悪』です。

ゆえに最高善は、人々の仏界《ぶっかい》を開くことであり、人々の善意を結びつけることです。

仏法を基調とした平和・文化・教育の運動、すなわち広宣流布の運動こそ最高善なのです。この行動を持続するためには、悪をも善の一部にしていく『善悪不二』のダイ

ナミックな実践が必要なのです」（中巻三六ページ）
このうち前半は、前回話題にのぼった「衆生《しゅじょう》の救済こそ最高の善」という言葉を、生命という角度から言い換えたものと言えます。一方、後半の「結合は善」「分断は悪」は、池田会長のスピーチや対談集などでよく使われる言葉です。この言葉について、佐藤さんはどうお感じですか？

佐藤　まったく池田会長のおっしゃるとおりだと思います。創価学会／ＳＧＩは、異なる世界、異なる立場の人々を、信仰の力によって「結合」させる役割を、あらゆる場面で果たしてきました。

たとえば、アメリカで公民権運動が起こり、白人と黒人の対立が激化していたころ、アメリカＳＧＩはまだ黎明期《れいめいき》でしたが、当時から座談会などでは、白人と黒人のメンバーが和気あいあいと会合に集っていたそうです。創価学会の世界では、時代に先駆けて人種の壁が崩され、異なる人種が「結合」していたわけです。

また、日本で水俣病《みなまたびょう》が深刻化していたころ、被害地域では、原因となった化学会社

公民権運動の指導者、マーチン・ルーサー・キング・ジュニア
（ロイター＝共同）

の関係者と、被害にあった患者や家族との間に、深い対立の溝が生じていました。しかしその時期にも、創価学会の組織のなかでは、池田会長の激励によってその溝が乗り越えられていたのです。その様子は『新・人間革命』第十五巻「蘇生《そせい》」の章に詳しく描かれていますが、そこには次のような一節があります。

「学会の組織では、化学会社の従業員と患者が、仲良く、肩を並べて座談会に出席し、折伏《しゃくぶく》に歩く姿が見られた。学会員は、ともに力を合わせ、水俣の人々の幸福と繁栄を築くことこそ、互いの使命であると自覚していたのである」

これも、創価学会の「善の力」が人々を「結合」させた好例と言えるでしょう。そのような事例は、他にも枚挙にいとまがないと思います。

また、創価学会が支持母体である公明党の政策にも、「社会の分断を避け、結合に向かわしめる」という志向性が、常に感じられます。

一例を挙げれば、消費税が一〇パーセントになると同時の導入が決定している「軽減税率」です。公明党の強い主張で決定されたものですが、他の政党や有識者のなかには、現金給付と所得税などの還付を組み合わせた「給付付き税額控除《こうじょ》」のほうがいい、と主張する人たちがいました。

それに対し、公明党は断固として軽減税率導入を推し進めたわけです。その理由の一つは、「還付金にしてしまうと社会の分断を招くから」だと私は考えます。「所得いくら以下の世帯には還付金を出す」という形だと、もらう世帯ともらわない世帯の間に分断が生じてしまうのです。一方、軽減税率ならすべての世帯が対象になるので、分断を招かないわけです。

そのように、公明党の政策にも、「結合は善、分断は悪」という池田思想が反映されているのです。それは同時に、先ほどの引用の前段部分、「生命こそ目的であり、生命を手段にしてはならない」という池田思想を、公明党も根底に据えているからでもあります。

一つ付け加えるなら、「生命こそ目的であり、生命を手段にしてはならない」という池田会長の言葉は、世界宗教の条件の一つでもあると思います。生命を手段視し、軽《かろ》んずるような宗教は、世界宗教たり得ません。これは前にも言いましたが、『法華経の智慧』という書物全体を貫《つらぬ》く大テーマの一つは、「世界宗教論」なのです。

4

法華経の「女人成仏」が語りかけるもの

「即身成仏」と「此岸性」

——前回まで三回にわたり、「提婆達多品《だいばだったほん》」の章前半の「悪人成仏《じょうぶつ》」についてさまざまな角度から論じていただきました。今回は後半の「女人成仏《にょにん》」に入っていきます。

佐藤　「女人成仏」の典型として「竜女《りゅうにょ》」の成仏が論じられた部分ですね。

――はい。前半の「悪人成仏」も後半の「女人成仏」も、要は「即身成仏」が論じられたパートと言えます。原始仏教においては、「人の肉身は汚れた欲望のかたまりだから、肉身を捨てなければ仏になれない」と考えられていました。それが大乗仏教になると、「肉身を持ったままで成仏できる」という「即身成仏」の考え方が出てきます。元は真言宗の言葉です。ただし、真言宗で言う「即身成仏」は、法華経で説かれるそれとは根本的に異なります。〝大日如来《だいにちにょらい》の真実の姿と一体化すれば、肉身でも仏になれる〟という考え方であり、異世界の話になってしまっているからです。それに対して法華経の即身成仏は、現世の肉身のままの成仏、言い換えれば「凡夫《ぼんぷ》成仏」のことなのです。「現世そのものを仏の世界に変えていく」という考え方が、法華経の大きな特徴と言えます。

佐藤　よくわかります。いつも強調しているように、創価学会は「此岸《しがん》性」の宗教ですから、現世のなかにこそ仏国土もあり、肉身を持った凡夫がそのまま成仏できるという考え方に、当然なるわけですね。従来、仏教というと「現世は汚れた迷いの世界である」と説く宗教であって、現世を否定的に捉《とら》える傾向が、大乗仏教のなかにもありました。

しかし、法華経・天台・日蓮大聖人・創価学会については、そうした傾向がない。その点で創価学会は、既成仏教の他派より、むしろキリスト教のカルヴァン主義と親和性があるかもしれません。

近代以降、「世俗化」の波が世界を覆っていったなかで、各宗教も世俗化とどう折り合いをつけるかということを模索しました。その〝折り合いのつけ方〟の一つが、マックス・ウェーバーが『プロテスタンティズムの倫理と資本主義の精神』で展開した論理です。ウェーバーは世俗の職業とキリスト教信仰の関係に、整合性ある説明をつけようと試みたわけです。

近代以降にあって、なおも世俗・現世を「汚れた世界」として忌避《きひ》し続ける考え方は、近代以前の世界像にしがみついているようなものであり、地動説が普及した時代になお天動説に固執し続けるような姿にしか見えません。いわば、現代における星占い師のようなものです。星占いは、生まれた時点における天空の星の位置が運命を決めると考えますから、背景にあるのは天動説の論理だからです。

宗教も時代に合わせて刷新されていかなければならないわけで、近代以前の世界像にしがみついている宗教は、本質的に、二十一世紀の人々の救いにはならないと思います。

宗教における「男女平等」の問題

――「即身成仏」のうちの「女人成仏」をめぐって読み解きを行っていこうと思いますが、この論点は、ジェンダーやフェミニズムの問題とクロスせざるを得ません。法華経以前の爾前経《にぜんきょう》においては、「女性は成仏できない」とされてきました。それに対し、法華経においては女性も成仏できるという考え方が打ち出されました。ゆえに男女平等の経典であるわけですが、一方で、提婆達多品における竜女の成仏が、一度男に変わってから成仏する「変成男子《へんじょうなんし》」の形で描かれるため、「やはり女性差別が残っている」と批判する向きもあります。佐藤さんのご専門であるキリスト教神学も、「キリスト教のこういう点が女性差別的だ」という批判を乗り越えてきたのだと思います。そのことをふまえてご意見をうかがえればと思います。

佐藤　『法華経の智慧《ちえ》』のこの章にも、フェミニズム神学について次のような言及がありますね。

「キリスト教においても『フェミニズム神学』が注目を集めています。
キリスト教の神学における男性優位の傾向を批判したり、教義が男性による女性の支配の道具とされてきたことを批判しています」
「女性差別の根源は『父なる神』という概念にあるとして、『父にして母なる神』と言いかえるべきだという主張もありますね」（中巻六四〜六五ページ）

フェミニズム神学の人たちは、たとえば「父なる神」という概念に対して、「そもそも神に配偶者はいるのか？」と問いました。「配偶者」などいないのだから「女神」と呼んでもいいはずだ、と……。また、聖書の編纂《へんさん》作業が男性によってなされたがゆえに、女性信徒の活躍などが編纂過程で意図的に排除されたとも主張しています。そして、キリスト教神学を体系化していった過程それ自体が「男権性」を孕《はら》んでいるとみて、体系化それ自体を拒否する傾向も強いのです。さらに、「イエスは女性的な優しさも豊かに持っているのに対し、パウロは男権的である」との批判も、フェミニズム神学側からなされています。現在のキリスト教はすべて「パウロ派」ですからね。この批判は重要です。

現代日本のフェミニストで、私と対談集『性と国家』（河出書房新社）を編んだ北原みのりさんも、「フェミニズム神学は面白い。詳しく勉強したい」と言っておられました。

ただ、キリスト教に比べると、仏教は一般に「男権性」があまり強くないのではないでしょうか。一人の人間のなかに男性性と女性性が混在しているという捉え方を、早い段階からしていたようですし……。この章でも、池田会長が次のように発言されています。

「一人の人間の中に『男性的なるもの』と『女性的なるもの』が調和していなければ

ならない。**それが人格の成熟であるし、自己実現でしょう**」（中巻六五ページ）

また、一人の人間のなかの男性性・女性性の割合に大きな個人差があるのは当然だし、だからこそLGBT（「Lesbian」「Gay」「Bisexual」「Transgender」の頭文字をとったもので、性的少数者の総称として用いられている）の人たちもいて当然なわけですね。

そうした考え方については、同性愛が宗教上の罪（sin）とされてきたキリスト教よりも、仏教のほうが先駆的でした。なかでも創価学会には、個々人の性的指向に対する偏見が、少なくとも教義上はまったくありません。しかも、そのことを「わが教団にはジェンダー的偏見がない」と声高《こわだか》に訴えるのではなく、機関紙・誌や関連メディアにLGBTの人たちが自然な形で登場するなど、さりげない形で表現されている点にも、私は好感を覚えます。

男女の役割を固定化しない池田会長

――この章には、聖母マリアが大きな位置を占めるダンテの『神曲』への言及があり、そこに次のような一節があります。

「聖母マリア信仰そのものが、キリスト教信徒からの『女性的なるもの』への要求に応えるものであるとも論じられています」

「キリスト教自体は、どちらかと言えば男性的な側面の強い宗教であり、その補完としてマリア信仰が高まったということが指摘されていますね」(中巻六七ページ)

佐藤　それはまったくそのとおりですね。特にカトリックにおいてはそうです。カトリックには「マリア無原罪《げんざい》の昇天」という教義があります。一九五〇年に、当時のローマ教皇が「キリストを産んだマリアには原罪がないから、すでに昇天している」と認定し、教義化したものです。プロテスタントではすべての人間が「原罪」を背負っていると考えるのに対し、カトリックにおいてはマリアだけが例外で、「原罪のない人間」と捉えるのです。それはわれわれプロテスタントから見ると、偶像崇拝《ぐうぞうすうはい》の変種のように思えて受け入れ難い教義なのですが……。

ただ、そのような教義を持っているがゆえに、カトリックのほうがプロテスタントより「女性的なるもの」をうまく取り込んでいるとは思います。

――仏教に比較的「男権性」がないのは、「空」や「無常」、輪廻《りんね》を説く教えだからということもあると思います。一つの生命がときには男として生まれ、別の世には女性として生まれることもある。また、男性・女性という性別も、常に移ろいゆく「無常」の世にあっては、ほんの一時の「仮の姿」でしかない……そのような捉え方が根底にあるからこそ、男性性・女性性に執着《しゅうちゃく》せずに済むのではないでしょうか？

佐藤　そうかもしれません。それと、私が創価学会・公明党の多くの人たちと接して感心させられるのは、女性たちに「男まさりになって頑張ろう」というような力《りき》みや無理が感じられないことです。世の女性政治家たち、また、男性優位のビジネス社会の第一線で活躍している女性たちには、どうしても「男には負けたくない」という力みが感じられるのです。誤解を恐れず言えば、男性以上に男性的にならないと、女性は男社会で上には行けない面があるのでしょう。いわば女性でも〝仕事においては男子〟のような間違った考え方が、日本社会には根深くある気がします。

ところが、公明党の女性議員たちや、各界で活躍している創価学会の女性たちには、そのような力みがなく、皆さん自然体なのです。それは、男女の役割を固定的に考えて押し付けることをしない、池田会長の柔軟なご指導の反映かもしれません。会長のそのようなご指導は、この章の次の一節に集約されています。

「男性も、いわゆる『男らしい』だけでは粗暴《そぼう》になってしまう。女性の考え方、感性を理解できるこまやかさ、優しさが必要でしょう。女性の場合も、いわゆる『女らしい』だけでは十分とは言えないでしょう。（中略）

どんな社会においても、男性は男性らしさ、女性は女性らしさが、その社会なりに要求されます。その要求に適応すればするほど、それ以外の自分の特質が抑圧されて

しまう面がある。それは、ある意味で、しかたのないことかもしれないが、だからこそ、男性は女性に学び、女性は男性に学んで、互いに自分の人格を大きく育てていくべきではないだろうか。

結婚の意義の一つも、こういう自己完成にあると思う。もちろん、結婚しなければならないという意味ではありません」（中巻六六ページ）

シンプルな言葉ですが、私はジェンダー問題をめぐる智慧として、これ以上のものはないと感じます。

男性が女性を睥睨《へいげい》するような今の男性優位社会は、明らかにおかしい。さりとて、仮に女性優位社会が到来したとしても、それは今のゆがんだ社会構造を逆転させるだけで、ゆがみそのものは解消されません。だからこそ、真の男女平等社会への一歩として、男性は女性に学び、女性は男性に学んで、互いに人格の完成に向けて高め合っていくべきだ、と池田会長は言われるのです。

しかも、引用部分の最後で結婚の意義に触れつつ、「結婚しなければならないという意味ではありません」と付け加えるあたり、多様性についての配慮も十分です。

昨今、少子高齢化の趨勢《すうせい》もあって、日本でも国を挙げて「子育て支援」に取り組んでいますね。そこで為政者やオピニオンリーダーたちが十分注意しなければならないことは、「子育て支援」に熱心になるあまり、「女性は子どもを産み育てて一人前だ」という空気を日本社会につくってはならないということです。そのような空気が醸成《じょうせい》されれば、「子どもをつくらない」という選択をした女性、または子どもをつくることができない女性を傷つけ、排除することになりかねない。そういう〝見えない圧力〟になってはいけないのです。池田会長のご著作や指導には、そのようなこまやかな配慮が常になされていますし、またそもそも、「女性はこうであるべきだ」「男性はこうあるべきだ」という固定的な女性・男性観にとらわれていない方なのだと思います。

女性学が専門の栗原淑江《としえ》さん（東洋哲学研究所主任研究員）が、著書『未来をつくる女性の力――桜梅桃李《おうばいとうり》の花咲く社会へ』（第三文明社）のなかで、次のように述べています。

「ＳＧＩ会長の女性論の卓越性の一つは、『無理がない』ということです。会長は、

『女性は結婚すべきである』とか、『母になるべきである』『働くべきである』などと決めつけることは一切ありません。固定した女性像に当てはめようとすることがないのです」

そして、「会長が自然な形で多様性を重視してきた背景として、仏法における『桜梅桃李』の理念があります。『桜梅桃李』とは、『桜には桜、梅には梅の美しさがあるように、われわれ人間もそれぞれの個性があるからこそ尊《とうと》く美しいのだ』と、個性・多様性を重んじた理念です」と指摘されています。

昨今、「ダイバーシティ」(多様性)がさまざまな分野で重視されるようになってきましたが、「桜梅桃李」の理念を根底に据えた会長の指導により、創価学会には早い段階からダイバーシティの理念が根付いていたと言えそうです。それこそ、「ダイバーシティ」という語が日本に定着するはるか以前からですね。

——池田会長が指導やスピーチなどで、「男らしさ」を強調することもあります。たとえば、会長の詩に曲がつけられ、全国の壮年部員の愛唱歌になっている「滝の詩《うた》」

には、「男は王者の風格を持て」という一節があります。そういう指導を捉えて、「池田会長も男女の役割を固定化しているではないか」と難癖《なんくせ》をつける人もいるかもしれません。

佐藤　そういうことを言う人がいたとしたら、それは浅薄な見方だと思います。壮年部や男子部に向けられた指導であれば、「男は――」という言い方をすることは当然あるでしょう。逆に、婦人部や女性に向けられた指導であれば「女性は――」という言い方になるのも当然です。しかし、それは男女の役割を固定化しているということにはなりません。たとえば、池田会長が「男は王者の風格を持て」とおっしゃるとき、それは男性だけに訴えかけたメッセージではなく、女性メンバーのなかにある「男性性」にも訴えかけているのではないでしょうか？　女性であっても、勇気など、一般に「男らしさ」とされる特質を豊かに持っていなければ、正しい信仰は貫《つらぬ》けないからです。

逆に、婦人部や女子部に向けられた指導だからといって、男性会員が読んでも意味がないということにはなりません。池田会長は、常に男女どちらにも通ずる形で指導されているのです。それは、先に引いたように「一人の人間の中に『男性的なるもの』と『女性的なるもの』が調和していなければならない」と池田会長が考えておられる以上、当然のことなのです。

フェミニズムからの仏教批判への本質的応答

――キリスト教におけるフェミニズム神学の流れが、一九八〇年代あたりから日本のフェミニズムにも取り込まれて、一時期、「仏教は女性差別的である」という批判が盛んになされたことがあります。たとえば、「経典のなかに女性蔑視《べっし》的な表現がたくさんある」などという批判ですね。

それに対する仏教側からの反論として、「仏教が説かれた古代インドという時代と社会状況を考えれば、やむを得ないのだ」というものがまずありました。また、「サンガ（出家修行者の集団）は男性中心だから、女性に対する欲望を制御するために『女性は穢《けが》れた存在である』とする必要があった。そこからやむを得ず女性蔑視的表現が用いられたのだ」という反論もあります。さらにもう一つ、「釈尊《しゃくそん》個人に女性差別は一切なかったが、滅後に経典が編纂された際、編纂者が当時のインド社会の偏見に影響され、内容をゆがめてしまったのだ」というものもあります。

佐藤　どの反論もそれなりにうなずけますが、なんとなく対症療法的な印象を受けますね。「ああ言われたからこう言い返す」という感じで、あまり本質的ではない気がします。むしろ、この章で池田会長が展開された、〝「男性的なるもの」と「女性的なるもの」が調和してこそ人間であり、真の仏教はその調和を目指している〟という観点こそ、フェミニズムの仏教批判に対する本質的応答であると思います。

　池田会長の次のような発言も、私には印象的でした。

「大切なことは、女性も男性も、人間として『幸福になる』ということです。幸福になるのが『目的』であり、他は『手段』です。『こうあるべきだ』と決めつけ、それ

が、どんなに正論のように見えても、それを実行して不幸になったのでは何にもなりません。また女性が不幸のままで男性だけが幸福になれるわけもない」（中巻六三ページ）

まさにこれこそが本質ではないでしょうか。

――「女性が不幸のままで男性だけが幸福になれるわけもない」という一節は、「他人の不幸の上に自分の幸福を築かない」という、池田会長の名高い指導を彷彿《ほうふつ》とさせます。そうした考え方の根底にあるのは、仏法の「一念三千」の法理だと思います。私たちの一念が宇宙のすべてとつながっている。また、「生きとし生けるものはみな因と縁によってつながっている」とする「縁起《えんぎ》」も、仏法の根幹を成す原理の一つです。

佐藤　すべてはつながっていて根源は一体なのだから、「自分だけの幸福」は本来あり得ないし、女性差別というのは仏法の眼から見れば愚かしい。すべてつながっている以上、「悪人や女性は成仏できない」とした爾前経の捉え方では、万人の成仏があり得ないことになってしまうわけですね。男性のなかにも女性性があるし、十界互具《じっかいごぐ》である以上、「竜女」としての性分もわれわれのなかにはあるわけですから。

それから、竜女についての話を、池田会長はこの章以外にも、スピーチなどいろいろな場面でなさっていますよね。私はこの竜女の存在こそ、創価学会のジェンダー論を解く鍵ではないかと考えています。

竜女は海中に住む竜王の娘で、竜の姿をした八歳の少女だと法華経に説かれています。女性であり、畜身であり、しかもまだ幼いということで、二重三重に差別された弱者である。そのような立場の竜女が、他の成人男性の菩薩《ぼさつ》たちを差し置いて、輝かしい成仏の姿を見せるわけです。その竜女のことを池田会長が折に触れて語られるのは、「いちばん苦しんでいる人こそが、いちばん幸せになる権利がある」と考える池田思想の、一つの発露《はつろ》なのだと思います。

5

竜女の成仏は、高らかな「人権宣言」

「法華経」の物語は「思想劇」

――前回に続き、「提婆達多品《だいばだったほん》」の章後半で説かれる竜女《りゅうにょ》の「女人成仏《にょにんじょうぶつ》」について論じていただきます。

まず一つ確認しておきたいのですが、「海中に住む竜王の娘である竜女」などというものが、現実に存在するわけではもちろんありません。ただ、「では、法華経の物語は空想的なおとぎ話にすぎないのか?」と言われたら、そうではないと思うのです。これは釈尊《しゃくそん》の己心《こしん》における生命世界の事実なのです。歴史的事実ではないが、〝生命的事実〟と言えます。

佐藤　よくわかります。自分の内面世界で起きることは時間も空間も超越しているわけで、歴史的事実の制約を受けませんからね。

池田会長も、この章で次のように言われています。竜女が法華経を聞いて即座に成仏したとする話に、智積《ちしゃく》という男性の菩薩《ぼさつ》が疑いを抱《いだ》く場面についての言葉です。

「『多くの段階を経なければ成仏できない』という考えを智積は代表しています。これに対し、竜女は、法華経という円教《えんきょう》を代表している。旧思想の男性軍に対して、新思想を身をもって示しているのが竜女なのです。

提婆品は、そういう『思想劇』の側面を強くもっている。深遠な内容を、劇的なストーリーによって表現しています」（中巻四一〜四二ページ）

「思想劇」という言葉で表現されると、「なるほど」と得心《とくしん》できます。法華経の物語は単なるおとぎ話ではなく、万人成仏を説く法華経の思想をわかりやすく表現する「思想劇」なんですね。

竜女の成仏をなかなか信じられない「旧思想の男性軍」について、池田会長は、「人の不成仏は我が不成仏、人の成仏は我が成仏」（御書四〇一ページ）という日蓮大聖人の言葉をふまえて、こう言われていますね。

「**（竜女の成仏を疑う菩薩たちは）人ごとだと思っていたのです。しかし、どんな差別でも、だれかを差別するということは、自分自身の生命を差別することなのです**」（中巻四六ページ）

つまり、智積らは「女性は成仏できないが、自分たち男の菩薩は成仏できる」と思い上がっていたわけですね。

――そもそも生命の実相《じっそう》が十界互具《じっかいごぐ》である以上、「竜女が成仏できるはずがない」と差別することは、「自分自身の生命を差別する」ことに等しいですね。

佐藤　そう思います。
ところで、創価学会に敵対した退転者たちや悪侶《あくりょ》たちの成仏については、どう捉《とら》えるべきでしょうか。
――もちろん悪とは戦わなければいけませんから、彼らの学会批判に対して随時反論が行われてきました。ただ、それは彼らの成仏を否定するということではないと思います。最終的には彼らの生命をも救っていけると考えられます。日蓮仏法では、そのことを「逆縁《ぎゃくえん》の成仏」と表現します。仏に反発・敵対したり、和合僧《わごうそう》（仏法修行者の集団）を破壊しようとしたりといった悪行によって一度は地獄に堕《お》ちるものの、その果てに開悟《かいご》して成仏するということです。
佐藤　悪行が逆に仏縁となる。実に興味深い。この章の前半で説かれた「悪人成仏」の原理ですね。

方便としての「変成男子」

――この章では、竜女の成仏が「変成男子《へんじょうなんし》」の形で描かれることの意味が論じられています。「成仏するために男性の姿に変わらなければならないというのであれば、やはり女性はまだ差別されているのではないか、という意見があります」との発言に対し、池田会長は次のように答えます。

「いや、それは違う。竜女の成仏は、あくまでも『即身成仏』です。女性の身のままで成仏したのです。変成男子は、舎利弗《しゃりほつ》をはじめ、成仏は男性に限られると思い込んでいた人々に対して、竜女が成仏したことを、分かりやすく示すための方便《ほうべん》にすぎないでしょう。男性にならなければ成仏できないという意味ではないのです。

そのことは、いちばん初めに文殊《もんじゅ》菩薩が竜女のことを紹介するくだりで、すでに明確です。竜女がすでに成仏していると文殊菩薩は語っているのです」(中巻四七〜四八ページ)

佐藤　非常に明快ですね。この章にも紹介されているとおり、釈尊の教団には女性の出家修行者もたくさんいました。これは画期的なことでした。釈尊以前のバラモン教では、出家は男性のみに限られていたからです。女性出家者を認めていたことそれ自体、釈尊が「女性は成仏できない」などとは考えていなかった証左《しょうさ》と言えます。

「生れによって賤《いや》しい人となるのではない。生れによってバラモンとなるのではない。行為によって賤しい人ともなり、行為によってバラモンともなる」（『ブッダのことば――スッタニパータ』中村元訳、岩波文庫）という有名な言葉が示すとおり、**「釈尊は厳しい差別社会にありながら、身分や性別、出身、僧俗の違いなどは、まったく問題にしなかった」**（中巻五三ページ）のです。

とはいえ、当時のインド社会は極端な女性差別の社会でしたから、「竜女がその姿のままで成仏する」と説いたら、多くの人が抵抗を感じたでしょう。いったん男性になってから成仏するという「変成男子」は、その抵抗をやわらげ、受け入れやすくするためのいわば〝クッション〟でした。そうした時代背景を無視して、「変成男子が説かれているから仏教は女性差別的だ」というのは、底の浅い批判だと思います。

古代インドの社会状況を無視して「仏典は女性差別的だ」と批判するのがいかにばからしいかを説明するために、卑近《ひきん》な例を挙げてみましょう。

『SHERLOCK（シャーロック）』という、BBC（英国放送協会）制作のシャーロック・ホームズのテレビドラマがあります。これを見ると、ホームズが禁煙のためにニコチンパッチ依存症になっているという設定になっています。ところが、同じBBCが昔作ったシャーロック・ホームズのドラマでは、「ワトソンくん、疲れたから一本打ってくれ」などと言って、コカインやモルヒネを注射してもらう場面が出てくる（笑）。ホームズが生きた十九世紀後半には、それらの薬物は違法ではなかったからです。今の常識を十九世紀に当てはめて、「ホームズは違法薬物を常用しているからけしからん！」と批判するのはばかげています。そもそも時代状況が違うのですから。

――そういえば、「新興宗教の女性差別」をテーマにした本のなかに、「創価学会は女性差別的である。その証拠に、男性副会長がたくさんいるのに女性副会長は一人もいない」という意味のことが書かれていました。

佐藤　ピントがずれた批判と思います。創価学会の皆さんと実際に接してみれば、学会ほど女性が大切にされている教団はないとわかるはずです。女性会員の意見に、男性会員たちが真摯《しんし》に耳を傾ける組織になっていると感じます。

――そもそも、「副会長」という役職も要は「役割分担」であって、「副会長だから一般会員よりも偉い」などということはないはずです。

佐藤　学会に女性副会長がいないことの背景を、私が外部の人間なりに考えるなら、学会が「シャーマン（巫女《みこ》）的存在」を必要としない宗教であることと関連があると思います。多くの日本の新興宗教――ここでは幕末以後に成立した宗教という意味です――は、シャーマン的存在を前面に立てました。天理《てんり》教の中山みき、大本《おおもと》の出口なお、天照皇大神宮教《てんしょうこうたいじんぐうきょう》の北村サヨなどが、その例に挙げられます。

そうしたシャーマンを立てることは、一見女性を重んじているようにも見えます。しかし、実はそのような見方にこそ、新宗教における女性の役割についての偏見があるのだと私は思います。女性を神秘的な存在に祭り上げて、男性たちが運営しているのです。

一方、創価学会はシャーマン的存在に一切依拠《いきょ》していません。「あの人に手かざししてもらったら病気が治った」というような、特別な能力を持った女性幹部など一人もいないのです。そのうえで、池田会長は女性を平和の礎《いしずえ》として捉えるなど、女性の尊《とうと》い役割を讃《たた》えてやまない……その意味でむしろ、女性差別的な考え方の対極にある教団だと思います。そのような創価学会の内在論理に目を向けることなく、「女性副会長がいないから女性差別的である」などと批判するのは、短絡《たんらく》的で浅はかだと思います。

「社会への適応」に潜む危険性

――「変成男子」が、当時のインドの女性差別社会に受け入れられやすいようにする

「方便の教え」であったという先ほどの話に続けて、池田会長は次のように指摘しています。

「ただ問題は、そういう『社会への適応』のなかで、宗教者自身が、しだいに社会の差別意識にとらわれてしまう場合です。それでは『法』は、ゆがめられてしまう」（中巻五〇ページ）

つまり、本来は「方便」として説かれた「変成男子」が、多くの人に受け継がれていくうちに、女性差別として固定化されてしまう危険性の指摘です。実際、仏教史のなかで、そのように教えがゆがめられた例も少なくなかったのです。

佐藤　方便としての「社会への適応」が、いつしか釈尊の教えの本質をゆがめてしまうという、怖い話ですね。そのことからのアナロジー（類推《るいすい》）で、私が一つ危惧《きぐ》しているる点を述べます。それは、創価学会／ＳＧＩ自体がある種の「エリート集団」になってしまうのではないかという危惧です。

創価学会はかつて、「貧乏人と病人の集まり」と揶揄《やゆ》されました。学歴の低い会員も多く、まさに庶民の教団でした。もちろん今も庶民の教団です。ただ、学会員の皆さんが懸命《けんめい》に努力を重ねられた結果、今や会員の多くは中産階級であり、社会の上層部に属する会員もかなり増えていると思います。それは、ある意味で「社会への適応」でした。

池田会長が創立された創価学園・関西創価学園も、偏差値から見れば今や上位数パーセントの難関校です。学会本部職員は高学歴集団であるし、公明党の議員を見ても、弁護士・公認会計士・元外交官などエリート揃《ぞろ》いです。もちろん、そのこと自体が悪いわけではありません。ただ、そうした傾向が進んでいった先に、組織の官僚化が進み、民衆から離れていく危険性は常に意識しておくべきではないでしょうか。もしも創価学会が「庶民の団体」であることを忘れてしまう方向に進んでしまったら、それは池田思想からズレてしまうと思うのです。

池田会長の言葉のなかに、「大学は、大学に行けなかった人のためにある」という名言がありますね。この言葉が示すように、創価大学もＳＵＡ（アメリカ創価大学）も、社会を支配するエリートを輩出するための大学ではありません。むしろ、庶民に尽くす指導者を育てるため、社会の底辺で苦しんでいる人々を救う人材をつくるための大学であるはずです。

池田会長のまなざしは、常に民衆に、庶民に、「いちばん苦しんでいる人々」に向けられています。もちろん、多くの心ある学会員はそのことを重々ご存じなのだと思います。しかし、ごくまれに、庶民の学会員を見下すゆがんだエリート意識の持ち主も現れてきます。その典型例が、京都大学を出て学会学生部初の司法試験合格者となり、弁護士となった果てに反逆し、退転した山崎正友でしょう。学会員が相対的に裕福になり、高学歴化した今、〝山崎正友的なるもの〟が学会組織のなかに広がっていく危険性は、当然あると思うのです。

そうした危険性は、創価学会に限らず、世界宗教化していく宗教に必ずついて回るものです。たとえば、今の日本のキリスト教は、「中産階級・インテリ層のための宗教」になってしまっている面が強い。そうなると、社会の底辺でいちばん切実に救いを求めている人たちには、手が届きにくくなってしまう。それは日本のキリスト教が抱える大きなジレンマです。

もちろん、日本のキリスト教会も、「愛隣《あいりん》地区」で食事にも事欠く人たちを対象に炊き出しを行うなど、福祉活動には力を入れています。しかしそれは、「庶民の海に飛び込んでいく」というような流れが教会の主流になっているとは思えない。どこか「施《ほどこ》しを与える」というような上から目線があります。また、キリスト教にも、「施し」を受ける側の心を傷つける危険性に鈍感になっている人がいます。

資本主義の競争社会のなかで、貧しい会員が減り、社会の中流から上層部に位置する会員が増えていく――そのこと自体は努力の結果としての「社会への適応」であって、一面では歓迎すべきことです。しかし半面、民衆から遊離《ゆうり》しかねない危険性もあるのです。それは私が、日本のキリスト教の失敗をふまえて切実に感じる危惧なのです。

――「いちばん苦しんでいる人こそが、いちばん幸せになる権利がある」という池田思想の根幹を、しっかりと認識する必要がありますね。

佐藤　たとえば、公明党の国会議員が高学歴のエリート揃いであることを、どう捉えるべきかということです。草創期の公明党には非大卒の国会議員も少なくありませんでしたが、今は皆無《かいむ》です。他党を見ても、今や非大卒の国会議員はごくまれになっています。しかし、それは果たして「当然」なのでしょうか？　進学率が上がったとはいえ、大学進学率は五割強です。高齢者も含めて考えれば、日本人の七割くらいは非大卒者でしょう。ならば、国民の代表たる国会議員にも、本来はせめて何割かは中卒・高卒の人がいてしかるべきなのです。

とはいえ、高等教育を受けていなければ、実際の国会での議事についていくのは大変ですし、官僚とのやりとりもスムーズにできないでしょう。公明党が自民党や野党と対等に渡り合うためには、議員にも高学歴とハイキャリアが求められる面はあります。

ただ、それはそれとして、「公明党の国会議員がエリート揃いなのは当然だ。誇るべきことだ」と受け止めるのか、それとも「本来はもっと庶民層の議員がいてしかるべきだ」と受け止めるのか。その受け止め方の違いには天と地の開きがあります。私は学会員の皆さんには、後者のような捉え方をする感受性を忘れてほしくないのです。

――活動の現場で日々「庶民の海」に飛び込み、〝現場感覚〟を持ち続けることが、庶民の心を忘れないための歯止めになっていると思います。

佐藤　それはとても大事なことです。ずっとそうであってほしいと思います。

「竜女成仏」は「女性的なるもの」への讃歌

――この「提婆達多品」の章の結論部分では、「男性的なるもの」「女性的なるもの」にもそれぞれプラス面とマイナス面があり、「悪人成仏」と「女人成仏」は、その「プラス面を最大に輝かせる」ものだと論じられています。

佐藤　ええ。「女性だからだめだ」と決めつけるのが爾前経《にぜんきょう》の「女人不成仏」であったのに対して、法華経は女性と男性のプラス面に目を向け、そこを最大に輝かせようとするのですね。創価学会で言う「価値創造」もそうだと思うのです。もともとなかったものをどこかから持ってくるのではない。本来自分のなかにある「よきもの」を引き出して輝かせることで価値を創造する、と。

それから、この章の終盤で池田会長は次のように述べられています。

「自《みずか》らの尊貴《そんき》さに目覚めた女性の連帯は、文明の質をも変えていくでしょう。学会の婦人部・女子部の皆さまは、その先覚者であり中核です」（中巻七二～七三ページ）

この言葉に完全に同意します。私は、本来的に女性は男性よりも精神が強靱《きょうじん》なのだと考えているからです。そう考えるようになったのは、かつて「鈴木宗男事件」に連座して逮捕されたとき、外務省内の男の友人は誰一人私についてきてくれなかったのに、三人の女性外交官だけが私を助けてくれたことがきっかけです。そして、獄中で国家というものが男権的で、とても暴力的なものであることをあらためて認識して、そこからフェミニズムの重要性に関心を持ち始めました。

池田会長も常々言われているように、女性たちには「平和の文化」の礎となる力があります。しかし、これまでの歴史は男性中心に進んできたがために、「男性的なるもの」の悪い面が出ることによって、二十世紀は「戦争と革命の世紀」となってしまいました。しかし、二十一世紀は国家元首やリーダーに女性が増えていることが示すように、社会が少しずつ男性中心ではなくなってきています。そうしたなかにあって、「自らの尊貴さに目覚めた女性の連帯は、文明の質をも変えていく」力となるはずです。

なかでも、創価学会の女性たちは、平和を希求《ききゅう》する強い心を共通して持っておられます。その心は、まさに「女性的なるもの」のプラス面です。そうした女性たちの姿が創価学会の男性たちにもよい影響を与え、学会全体に「平和の文化」を根付かせる力になっているのだと、私は感じています。

また、この章の結論部分で、池田会長は次のように語られています。

「畜身で女性で年少で――いちばん低く見られていた竜女がいちばん早く『即身成仏』した。そこに意味がある。

ともあれ、しいたげられた差別社会のなかで、竜女成仏は万感の思いをこめた『人権宣言』だったと言えるでしょう」（中巻七一～七二ページ）

フランス革命の「人権宣言」（一七八九年）における「人」には、女性は含まれていませんでした。それよりはるかに先駆けた古代インドの法華経において、竜女成仏という形で女性も含めた「人権宣言」がなされていたことに、感銘を覚えました。

6

現代における「不惜身命」とは何か

『法華経の智慧』と『新・人間革命』の併読を

――今回から「勧持品《かんじほん》」の章に入ります。正しい宗教を広めようとする者の身に起こる迫害の構図と、殉教《じゅんきょう》の精神について語られた品です。

佐藤　内容に入る前に、池田会長の小説『新・人間革命』の完結について、一言触れておきたいと思います。

『新・人間革命』は、さる九月八日（＝二〇一八年）に『聖教新聞』で最終回を迎えました。本稿が読者の皆さんの目に触れるころには、最終巻（第三十巻・下）が書店に並んでいるでしょう。私はつい最近、『新・人間革命』の内容を読み解く連載（「師弟誓願《せいがん》の大道」）を、『潮』誌上で始めました。『法華経の智慧《ちえ》』とともに、『新・人間革命』もまた、池田思想を読み解くための必読文献だと思います。

これからＳＧＩが世界宗教へと飛翔をしていくなかにあって、『法華経の智慧』と『新・人間革命』は、長きにわたって世界のＳＧＩメンバーに読み継がれていくことでしょう。その意味で、日本の新聞小説史上最長の作品ともなった『新・人間革命』の完結は、「世界史的な出来事」と言っても決して過言ではないと思います。

――完結を機に、創価学会では「『新・人間革命』を、あらためて皆で学び合おう」とする勉強会が、各地で活発になっています。

佐藤　大切なことです。同じように、『法華経の智慧』の勉強会も広がっていってほしいですね。『人間革命』『新・人間革命』は「創価学会の精神の正史」であって、何よりもまず会員の皆さんのために書かれた作品だと思います。そして、『法華経の智慧』と併読することによって、『人間革命』『新・人間革命』もいっそう深く読むことができるようになるでしょう。両者の内容は随所で響き合っているからです。

たとえば、「勧持品は正しい宗教を広めようとする者の身に起こる迫害の構図と、殉教の精神について語られた章」だというお話でしたが、創価学会が日本や各国で受けてきたさまざまな迫害の歴史も、『人間革命』『新・人間革命』に詳述されています。また、牧口初代会長の殉教についても随所で触れられているなど、「殉教の精神」についても深く学ぶことができます。

逆に、『法華経の智慧』のなかにも、随所で学会員の皆さんの宿命転換の戦いのエピソードが紹介されています。それらのエピソードは、いわば〝もう一つの『人間革命』〟でもあるのだと思います。

――両者を併読することで、より重層的な研鑽《けんさん》ができるということですね。

佐藤　そう思います。

「不惜身命」は「生命軽視」ではない

――さて、「勧持品」の章の内容に入っていきたいと思います。

二つ前の「宝塔品《ほうとうほん》」で、釈尊《しゃくそん》は「仏の滅後に法華経を弘通《ぐつう》することがいかに難事であるか」を説き、そのための覚悟を弟子である菩薩《ぼさつ》たちに促しました。そしてこの「勧持品」では、弟子たちが「どんな迫害があろうと法華経を説ききってまいります」と誓います。その誓いのなかで、迫害の具体的様相についても示されています。池田会長は、そこに説かれる迫害の構図を、創価学会が受けてきた迫害に引き寄せて論じています。

佐藤　弟子たちが釈尊滅後の法華経弘通を誓う場面で、有名な「不惜身命《ふしゃくしんみょう》」という言葉が出てきますね。「私たちは、勇敢に耐え忍び、身命を惜しまず、法華経を語り抜いてまいります」と。

法華経の行者に対する迫害は激しいものですから、それに抗する戦いがある意味で命がけになることは、よくわかります。ただ、この「不惜身命」――「身命を惜しまず」という言葉を、「目的のためなら、命など惜しまず捨てるのだ」と、死を美化するようなイメージで捉《とら》えてしまうのは、誤《あやま》りだと思います。

生命を「宝塔」と捉え、生命の尊厳を謳《うた》い上げた経典が『法華経』なのですから、これは本来、生命軽視を意味した言葉ではないはずです。

前にも言いましたが、日本の知識人にもなぜかファンが多いチベット仏教の指導者ダライ・ラマを、私はまったく評価していません。その理由はいくつかあるのですが、一つには、中国政府に対する抗議行動として、チベット仏教徒がたやすく自殺を選んでしまうことに強い違和感を覚えるのです。二〇〇九年から一七年までの八年間で、抗議の焼身自殺を図ったチベット人は百五十人に上ります。なぜ、仏教徒なのにすぐに命を捨ててしまうのか？　また、そのことを容認しているダライ・ラマは、指導者としていかがなものか？　疑問に思わずにいられません。しかも、彼らの自殺は、状況の改善に少しも結びついていないのです。そうした行動は、私には単なる生命軽視にしか見えません。「勧持品」の「不惜身命」は、そのような生命軽視の行動を意味する言葉ではないと思うのです。

実際、この章のなかで池田会長は次のように語られています。

「仏法の究極も『偉大なる凡夫《ぼんぷ》』として生きることにある。自分の命を与えきって死んでいく。法のため、人のため、社会のために、尽くして尽くしぬいて、ボロボロになって死んでいく。それが菩薩であり、仏である。『殉教』です。何ものも恐れず、正義を叫びきることです。人を救うために、命を使いきることです。この心なくして、『仏法』はない」（中巻七八ページ）

池田会長が考える「殉教」「不惜身命」とはそのようなもので、抗議の焼身自殺を選ぶようなありようとはまったく違います。法のため、人のために〝命を使い切り、生ききる〟ことが、法華経における本来の「不惜身命」なのではないでしょうか。

――おっしゃるとおりです。池田会長は『御義口伝講義《おんぎくでん》』における「勧持品十三箇の大事」の講義でも、「不惜身命」について次のように説明しています。

「ある目標に向かって、身命をうちこんでいくことは、不惜身命に通ずるものである。ただし目標の高低、浅深、善悪のいかんが問題である。浅きもの、また低級なもの、誤れるものに身命をなげうつほど、あわれなことはない。最高のものに帰命していく人生でなければならない。（中略）自己の一生成仏《じょうぶつ》、また全世界の平和のために、身命を賭《と》して戦うことが、最高の人生であり、真実最高の不惜身命なのである」（『御義口伝講義上（三）』聖教文庫）

ここでも、自身の成仏と世界平和のために「身命を賭して戦う」ことが「不惜身命」であると捉えられています。

佐藤　生命軽視の姿勢や、自殺を美化するような心性《しんせい》は、池田会長の思想には存在しないと見てよいでしょう。前近代の武家社会の切腹《せっぷく》が象徴するように、日本人には命を捨てることを美化するゆがんだ傾向があります。私から見ればテロリストにしか思えない幕末の志士たちが根強い人気を誇っているのも、その傾向の表れでしょう。また、太平洋戦争末期の「特攻隊」の悲劇にも、死をいたずらに美化する心性が反映されています。近年の例で言えば、オウム真理教の幹部たちは、麻原彰晃《あさはらしょうこう》のために命を捨てる覚悟をしていたがゆえに、自《みずか》らの命を軽視していたし、だからこそ他者の命を奪うことのハードルが低くなってしまったのです。

対照的に、創価学会にも、池田会長の思想にも、命を捨てることを美化する傾向はまったく感じられません。戦時中に獄中で殉教された牧口初代会長を尊敬することは、決して死を美化するからではありません。また、牧口会長も「命を捨てた」わけではない。仏法を守るために戦いきり、生ききったうえで、結果として殉教されたのです。

「究極的なるもの」を守るのが真の「殉教」

——この「勧持品」の章の結論部分の見出しには、「殉教こそ宗教の生命」とあります。そこで池田会長は、シュテファン・ツヴァイク（オーストリアの作家）の「ある思想がこの地上でほんとうに生きたものとなるのは、その思想のために生き、その思想のために死ぬような証人や確信者を、その思想がみずからのためにつくりだすことによってはじめて可能だ」という言葉を引いたうえで、次のように言われています。

「『殉教者』こそ、宗教の誉《ほま》れです。教団の礎《いしずえ》です。『殉教』の心がなくなった時から、宗教の死が始まるのです」（中巻一〇九ページ）

まさに「殉教」がこの章の大きなテーマであるわけですが、真の殉教と、先ほどのお話にあったような単なる生命軽視の行動は、どう見極めたらよいでしょうか？

佐藤　単に「命を捨てること」と「殉教」は、似ているようでいて、天地の開きがあります。
ディートリヒ・ボンヘッファーという、二十世紀ドイツのキリスト教神学者がいます。彼は、ナチスへの抵抗運動の果てに、ナチスによって処刑された、まさに「殉教者」です。ボンヘッファーは、「究極的なるものと究極以前のもの」という概念を提唱しました。彼にとっての「究極的なるもの」は、「神の恵みによって私たちに与えられる義」であり、それ以外のあらゆる事柄は「究極以前のもの」だと考えたのです。

ディートリヒ・ボンヘッファー
（dpa/時事通信フォト）

その概念を援用《えんよう》して考えるなら、牧口会長にとって、国家神道《しんとう》に抗して守り抜いた日蓮仏法の正義は、「究極的なるもの」でした。だからこそ、その一点においては決して妥協できなかったのです。もしも仮に、「ここはとりあえず命を守ることが大事だ」と考えて神札を受けたならば、牧口会長は釈放されたでしょう。しかし、それは絶対にできないことだったのです。

ボンヘッファーや牧口会長のように、「究極的なるもの」を守るために命を賭して戦い、結果として亡くなることこそが、真の「殉教」です。

——そうですね。もっとも、オウム真理教の元幹部たちに言わせれば、「麻原尊師に従うことが、私たちにとっては『究極的なるもの』だったのだ」ということになるのでしょう。池田会長が言われるとおり、身命を賭す対象にも高低浅深があって、「低級なもの、誤れるものに身命をなげうつほど、あわれなことはない」ですね。

佐藤　ええ。そしてそれは、オウム真理教のような、「ポア」（殺人）を正当化する宗教に限ったことではありません。日蓮大聖人を奉じていても、それを間違った国家主義などにゆがめて理解し、テロや集団自殺に走った日蓮主義者たちもいたのですから。

たとえば、一九三〇年代に起きた「死のう団事件」の「死のう団」は、正式には「日蓮会殉教衆青年党」と言いました。国会議事堂前や宮城（皇居）前広場などで、五人の青年が「死のう！」と叫びながら割腹《かっぷく》自殺を図ったという不気味な事件でした。彼らの合言葉であった「死のう」は、法華経の「不惜身命」を彼らなりに解釈したものだったと言います。

——「不惜身命」をどう曲解すれば「死のう団」になるのでしょうか……。

佐藤　ほぼ同時期の一九三二年に起きた「血盟団事件《けつめいだんじけん》」（元大蔵大臣・井上準之助、三井財閥総帥・團琢磨《だんたくま》が暗殺された連続テロ事件）でも、「一人一殺」を掲げた血盟団の指導者・井上日召《にっしょう》は日蓮宗の僧侶《そうりょ》であり、日蓮大聖人の思想の曲解が事件の背景にありました。大聖人の思想には極めて強い力があるからこそ、少しのゆがみが大きな間違いにつながってしまうのかもしれません。

「死のう団事件」にしろ「血盟団事件」にしろ、彼らは要するに既成の政治に対する不満を、死ぬことや殺すことによって暴力的に解消しようとしたわけですね。日蓮仏法における「究極的なるもの」とは何かといえば、広宣流布《こうせんるふ》という大目的であり、それを通じて世界平和と人々の幸福を実現することでしょう。しかるに、死のう団や血盟団が命を捨てた対象は、その「究極的なるもの」とは何ら関係がないものでした。したがって、「殉教」とは到底呼べません。

一方、先ほど引用された『御義口伝講義』の一節にも明らかなとおり、「何に対して『身命を賭して戦う』のか？」を、創価学会では厳しく問います。法華経における「不惜身命」とは、広宣流布という崇高《すうこう》な目的のために「生ききる」ことであって、死ぬことではないわけです。むしろ、自分の命はその崇高な目的のために使うべきものであるから、つまらないことで命を落とすことがないように、命を大切にする――それが、「不惜身命」という言葉に託された意味なのでしょう。現代日本のような平時においては、特にそう言えると思います。

――「『殉教者』こそ、宗教の誉れです」という池田会長の言葉に触れて、学会員ならまず思い出すのが牧口初代会長の殉教であり、もう一つには、日蓮大聖人ご在世の「熱原《あつはら》の法難」における三人の農民信徒の殉教でしょう。鎌倉幕府に弾圧され、「法華経の信仰を捨てよ」と脅《おど》され、拷問《ごうもん》されながらも、農民信徒たちは屈せず、神四郎《じんしろう》・弥五郎《やごろう》・弥六郎《やろくろう》の三兄弟が斬首《ざんしゅ》された法難です。

一般信徒にまでそのような強固な信仰が生まれたことを見て、日蓮大聖人は自らの「出世の本懐《ほんかい》」を遂げた、とされています。

佐藤　いわゆる「熱原の三烈士」ですね。キリスト教徒である私にとっても、胸を打たれるエピソードです。

ただ、平和な現代日本においては、「熱原の三烈士」や牧口初代会長のような殉教の機会は、おそらく誰にも訪れないでしょう。となると、「殉教」や「不惜身命」といっても、自分には縁のない遠い世界の話のように感じてしまう人も多いかもしれません。

池田会長の『新・人間革命』に、そうした思いを代弁したようなやりとりが描かれた場面があります。第四巻「立正安国」の章の一場面です。

一人の青年部員が、山本伸一会長に対して、次のような質問をします。

「御書を拝しますと、成仏の要諦《ようてい》は、仏法に帰命《きみょう》、つまり、身命を奉《たてまつ》ることであるとあります。私も、もし大法難があれば、牧口先生のように死を覚悟で戦いたいと決意しています。しかし、今のところ、そういう状況には、遭遇しそうもありません。この帰命ということを、私たちは、どのように、とらえていけばよろしいのでしょうか」

そして、会長はこう答えるのです。

「現代の状況のなかでは、自分の人生の根本の目的は広宣流布であると決めて、生きて、生きて、生き抜くことが、仏法に身命を奉ることになるといえるでしょう。（中略）

見方を変えて語るならば、たとえば、広宣流布のために活動する時間をどれだけもつか、ということにもなってきます。

これは、極めて計量的な言い方だが、仮に一日二時間の学会活動を、六十年間にわたってすれば、計算上は五年間の命を仏法に捧《ささ》げたことになる。ともあれ、広宣流布こそわが生涯と決めて、自らの使命を果たそうとしていく生き方自体が、仏法に帰命していることに等しいといえます」

実に巧《たく》みで納得のいく説明です。仏法を守るために命を捨てることだけが「殉教」なのではない。仏法のために生きることも、現代における「不惜身命」「殉教」なのです。

「自分が一家の太陽になればいい」

――今回のテーマから少し離れますが、この章に、「身内への折伏《しゃくぶく》」という関心の高い話題に触れた部分があるので、少し言及しておきたいと思います。「勧持品」のなかで、釈尊は自らの叔母に当たる摩訶波闍波提比丘尼《まかはじゃはだいびくに》と、自分の出家前の妻であった耶輸陀羅《やしゅだら》比丘尼の二人、そしてその眷属《けんぞく》の比丘尼たちに授記（未来に成仏できるとの記別を与えること）しています。釈尊の身内に対する授記が最後になったことについて、池田会長は次のように語っています。

「肉親に対する教化《きょうけ》は、それだけ容易ではないということではないだろうか。（中略）

しかし、最後は必ず成仏の道に入るのです。その原理を示しているととらえるべきでしょう。ゆえに、両親や夫や奥さんがなかなか入会しない、あるいは子どもが信心に立ち上がらないからといって、あせる必要はありません。（中略）太陽は一つ昇れば、全部を照らしていける。自分が一家・一族の太陽になればいいのです」（中巻八三ページ）

佐藤　おそらく、学会員の皆さんのなかに、「身内への折伏」について悩んでおられる方が多いということで、この一節が『法華経の智慧』のなかに差し挟まれたのでしょうね。

われわれキリスト教徒のなかにも、同じような悩みがよくあります。そこから思うことですが、子どもや家族に無理やり信仰させようとしても、決してうまくいかないものです。また、池田会長がおっしゃるように、焦る必要はないと思います。私自身もそうでしたが、信仰に疑念を抱《いだ》いたり、反発したりして、信仰から少し離れる時期は往々にしてあるものです。でも、決定的に離れてしまわない限り、どこかの時点でまた戻ってくる。そして、まったく反発しないまま進んでいく人よりも、一度離れて戻ってきた人のほうが、その後の信仰心は強固になったりするものです。

『新約聖書』「ルカの福音書《ふくいんしょ》」に、「放蕩《ほうとう》息子のたとえ」というエピソードが出てきます。放蕩に身を持ち崩して苦しんだ息子が、悔い改めて父の元に戻ってくると、父は何も言わず抱《だ》き寄せて歓迎するという話です。神のあわれみ深さを示したたとえ話ですが、同時に、一時的に信仰から離れてもいつかは戻ってくるという希望を示すものでもあります。

池田会長のアドバイスは、身内への折伏はジョセフ・ナイ（米国の国際政治学者）の言う「ソフト・パワー」で行くべきだ、ということだと思います。「ハード・パワー」、つまり強制ではだめで、内発的な魅力で信心の世界に引き寄せるべきだ、と。そのことを、「自分が一家・一族の太陽になればいいのです」という言葉で表現されたのでしょう。

とはいえ、身内はこちらの欠点も弱点も過去の失敗も知っているわけで、相手にとっての「太陽になる」ことは簡単ではありません。そのためには、こちらが成長した姿を見せなければならないからです。言い換えれば、自らが「人間革命すること」が、そのまま身内への最高の折伏にもなるのでしょう。

7

創価学会と「三類の強敵」の戦い

現代における「三類の強敵」とは

――「勧持品《かんじほん》」は、「勧持品二十行の偈《げ》」と呼ばれるくだりで、釈尊《しゃくそん》滅後に法華経を弘通《ぐつう》しようとする者を迫害する「三類の強敵《ごうてき》」が説かれていることで知られます。今回は、「三類の強敵」のことを中心に読み解いていただきます。

佐藤　確認ですが、「三類の強敵」は、仏法に無知な一般の民衆が迫害する「俗衆増《ぞくしゅぞう》上慢《じょうまん》」、他宗の僧侶《そうりょ》などが迫害する「道門《どうもん》増上慢」、聖者のように仰がれている高僧が権力者と結託して迫害する「僣聖《せんしょう》増上慢」の三つですね。

——そうです。ただし、それらの名は法華経には出てきません。勧持品の内容をふまえて、中国の妙楽大師《みょうらくだいし》が『法華文句記《もんぐき》』のなかで三つに分類し、「三類の強敵」と名付けたものなのです。

佐藤　池田会長はこの章で、「三類の強敵」を創価学会の歴史に当てはめて論じておられますね。

俗衆増上慢は、宗教に無知な一般人からの中傷・迫害がそれに当たるのでしょう。今でもネットの世界には学会や池田会長に対する事実無根な中傷があふれているわけですが、それも俗衆増上慢の一つのありようです。

二つ目の道門増上慢は、既成仏教各派や、他の新宗教からの迫害がそれに相当するのでしょう。昔よく言われた「学会員は葬式に来ると香典《こうでん》を持ち去ってしまう」というデマも、学会の折伏《しゃくぶく》大行進に恐れをなした他宗の僧侶が、学会を貶《おとし》めるため故意に流したという説がありますね。それも道門増上慢の一つでしょう。
また、過去には「新宗連」（新日本宗教団体連合会）や「全日仏」（全日本仏教会）に所属する教団や宗派が、結託して反学会の運動を起こした事例もありました。それは組織的な道門増上慢と言えますね。

——三つ目の、最も手ごわいとされる僭聖増上慢については、かつては「マスコミのことではないか」とする見方もあったようです。マスコミは現代社会において「第四権力」と呼ばれるほど強大な力を持っていますし、マスコミの批判・中傷で創価学会が甚大《じんだい》なダメージを被《こうむ》った時期もあるからです。しかし、日蓮正宗の阿部日顕《にっけん》前法主《ほっす》が学会を迫害するようになると、「日顕こそが学会にとっての僭聖増上慢だったのだ」と考えられるようになりました。

佐藤　池田会長も、小説『新・人間革命』の最終章「誓願《せいがん》」（第三十巻・下）に、次のように明確に書いておられますね。

「学会は、三類の強敵のうち、俗衆増上慢、すなわち仏法に無知な在家の人びとによる悪口罵詈《あっくめり》等の迫害を、数多く受けてきた。また、道門増上慢である、真実の仏法を究《きわ》めずに自分の考えに執着《しゅうちゃく》する僧らの迫害もあった。

しかし、聖者のように装った高僧が悪心を抱《いだ》き、大迫害を加えるという僭聖増上慢は現れなかった。ところが今、法主である日顕による、仏意仏勅《ぶついぶっちょく》の広宣流布《こうせんるふ》の団体たる創価学会への弾圧が起こったのである。まさに、学会が、現代において法華経を行じ、御金言《ごきんげん》通りの実践に励んできたことの証明であった」

つまり、日顕こそが学会にとっての僭聖増上慢であったというのは、いわば学会の公式見解であるわけです。

ただ、そこで私が少し疑問に思うのは、「世間の人々に聖者のように仰がれている」という僭聖増上慢の条件に、日顕が当てはまるだろうかということです。さして尊敬されているようにも見えませんし、むしろ世間には彼を知らない人のほうが多いのではないでしょうか。

――確かに、日本中から尊敬を集めていたわけではないですね。ただ、宗門の狭い世界のなかでは、日顕はまさに「聖者のように仰がれて」いた高僧でした。何しろ、彼が通るときにはひれ伏して拝《おが》む「伏せ拝《はい》」をしなければならない存在だったのですから……。また、「勧持品」に説かれるそれ以外の僭聖増上慢の条件にも、彼はすべて当てはまっているのです。

佐藤　よくわかります。池田会長も、「勧持品二十行の偈」のなかの「人里離れた静かなところで、ぼろきれをつづり合わせて作った衣を着て、自《みずか》ら真実の道を修行していると思い込んで、人間を軽《かろ》んじ賤《いや》しめるものがいることでしょう」との一節をふまえ、次のように語っています。

「**『人間を軽賤《きょうせん》する』。そこに僭聖増上慢の大きな特徴がある。民衆への蔑視《べっし》です。一切衆生《しゅじょう》を尊極《そんごく》の宝と見る法華経の正反対です。だから、『法華経の行者の敵』とならざるを得ない**」（中巻八八ページ）

この「民衆への蔑視」も、阿部日顕に顕著に見られる特徴ではないでしょうか。

——ええ。「民衆、民衆って言う奴ほどバカなんだ」という日顕の暴言（一九九四年八月二十四日、「全国教師講習会」での発言）はよく知られています。

「聖者のふりをする」迫害者が権力と結託

——先ほど引用された「ぼろきれをつづり合わせて作った衣を着て」という「勧持品」の一節は、〝僭聖増上慢は人々から、少欲知足《しょうよくちそく》と清貧《せいひん》を貫《つらぬ》いていると思われている〟という意味です。かつては阿部日顕も、多くの学会員から「質素で清らかな暮らしをしているに違いない」と思われていました。その点でも「聖者のように仰がれていた」わけです。

ね。

佐藤　ところが、「第二次宗門事件」以後に実生活が暴かれてみたら、高級住宅街に豪奢《ごうしゃ》な別荘を構えたり、高級旅館で芸者遊びをするような暮らしぶりだったわけですね。

日蓮大聖人は『開目抄《かいもくしょう》』のなかで、自らを迫害した極楽寺良観（忍性《にんしょう》）を僭聖増上慢の実例として挙げ、糾弾《きゅうだん》されていますね。この良観も、当時の人々には生き仏のように仰がれていた存在だったといいます。ハンセン病患者の救済活動を行ったり、橋を架けたり、各地に悲田院《ひでんいん》（貧者や孤児の救済施設）や施薬院《やくいん》（医療福祉施設）を建てたりといった社会福祉事業を行っていたからです。実際、私も日本史の教科書でそのように学びました。

良観のそうしたイメージは現在も継続していて、たとえば仏教史学者の松尾剛次《けんじ》氏（山形大学教授）は、著書『「お坊さん」の日本史』（生活人新書）のなかで、「都市鎌倉のハンセン病患者などの救済に努め、多くの人々を救済した忍性らは、日本版のマザー・テレサであった」と紹介しています。

しかし、それは表面上の姿で、良観は裏では鎌倉幕府と結託して利権を貪《むさぼ》っていたのです。関所を作って通る人から通行税を取ったり、港湾管理を幕府から任され、港に入る船からも税を取ったりしていたといいます。そうして貪った利権で巨額の財を蓄え、贅沢《ぜいたく》な暮らしをしていたことが、当時の客観的な史料からも明らかです。

表面上は聖者を装い、裏では利権を貪って民衆を苦しめていた。そのような二面性こそが、僭聖増上慢たる一つの所以《ゆえん》でしょう。「僭聖」とは「聖者のふりをする」という意味ですから……。

——妙楽大師も、「第三の僭聖増上慢こそ、最も恐ろしい。なぜなら、その正体を見破り難《がた》いからである」と『法華文句記』で述べています。聖者の皮をかぶっているからこそ、内側の本性が見えにくいわけです。

佐藤　しかし、日蓮大聖人は、大半の人々が気づいていなかった極楽寺良観の偽善性を鋭く見抜かれ、糾弾したわけですね。だからこそ良観に恨《うら》まれ、迫害された。しかも良観は大聖人と堂々と対決するのではなく、裏で幕府の有力者に手を回し、讒言《ざんげん》を用いて大聖人を貶め、権力に迫害させようとしました。池田会長がこの章で次のように指摘されているとおりです。

「法華経の行者と直接、対決するのではない。つねに裏で操ろうとする。それが僭聖増上慢の『くせ』です。仮面をかぶった生き方が身についてしまっている。本当は臆《おく》病《びょう》なのです。

そこで世間に向かって、また権力者や社会の有力者に対して、法華経の行者の誹《ひ》謗《ぼう》・中傷を繰り返すのです」（中巻九二ページ）

「勧持品」にも、僭聖増上慢の特徴の一つとして、国王、大臣などと結託して法華経の行者を迫害することが挙げられていますね。まさにその方程式どおりの行動を、極楽寺良観は取ったわけです。池田会長はこうした結託の姿について、次のように述べています。

「悪は結託する。連合軍になる。分け前を得るために団結の姿を示すのです。一方、善は利得と無縁なために、孤立してしまう。この悲劇を転換しなければならない。善が団結しなければなりません」（中巻九三ページ）

――阿部日顕も法主時代、政治権力と結託して創価学会を迫害しようとしました。極楽寺良観と七百年の開きがあっても、方程式は同じなのでしょう。自民党が下野《げや》して学会攻撃に奔走《ほんそう》していた時期である一九九四年に結成された、「四月会《しがつかい》」(正式名称は「信教と精神性の尊厳と自由を確立する各界懇話会《こんわ》」)への関わりがその一例です。

四月会には表面上、政治家は名を連ねていませんでしたが、同会は反学会派自民党国会議員の集い「憲法二十条を考える会」が土台になっていました。また、日蓮正宗の僧侶や法華講《ほっけこう》員も、会員に名を連ねていました。

佐藤 当時の異様な雰囲気は、私もよく覚えています。「四月会」は「死、学会」のもじり……つまり創価学会に致命的ダメージを与えることを目指して作られたからそう名付けられたともいわれていますね。

四月会に名を連ねていたのは、学者やジャーナリスト、評論家などの文化人や、既成仏教各派や新宗教教団などでした。その意味で、道門増上慢をも巻き込み、政治権力も巻き込んでの大規模な〝創価学会包囲網《ほういもう》〟だったのです。『法華経の智慧《ちえ》』の「勧持品」の章には、戸田第二代会長が〝現代における僭聖増上慢〟について述べた、次のような言葉が引用されています。

「**世間の人々に指導者として信頼される学者および評論家、文学者および世の指導機関たる一流の日刊新聞の論説などが、その利益および感情等のために官憲《かんけん》等と結んで、下種《げしゅ》仏法とその広宣流布への活動に強く攻撃を加える時が現れるとすれば、第三類の強敵出現と断ずることができるであろう**」（中巻一〇六ページ／『戸田城聖《じょうせい》全集』第六巻からの引用）

これはまさに、四月会の出現を予見した言葉に思えます。現代社会における僭聖増上慢のありようを、典型的に示したのが四月会だったのでしょう。また、阿部日顕は四月会が誕生する少し前に、『文藝春秋』本誌に手記を寄せたことがありましたね。

――『文藝春秋』九二年二月号に掲載された、「創価学会会員に告《つ》ぐ」という手記ですね。前年十一月に創価学会を「破門《はもん》」した日顕が、全国の学会員に「宗門側に来い」と呼びかけるような内容でした。

佐藤　学会員の皆さんにはよいイメージがないかもしれませんが、『文藝春秋』が日本を代表する総合月刊誌であることは確かです。その大舞台に法主自らが学会攻撃の手記を寄せたのですから、それ自体、僭聖増上慢がマスコミと結びついた姿であったと言えるでしょう。

要するに、創価学会に対して僭聖増上慢が牙《きば》をむいた時代が、一九九〇年代前半であったわけですね。それから四半世紀が過ぎた今、学会をめぐる状況は当時と一変しています。四月会は二〇〇一年に解散しました。その二年前の一九九九年に自自公（自民・自由・公明）連立政権が誕生したことで、四月会の存在意義がなくなっていたのです。そして、自公連立政権は長く続き、かつて創価学会を攻撃していた自民党議員さえもが、公明党の味方になっています。

日蓮正宗は減少・衰退《すいたい》の一途をたどり、創価学会の隆盛《りゅうせい》とは比べるべくもありません。週刊誌等の一部マスコミによる創価学会批判も、当時と比べれば激減し、マスコミにも学会への理解が広がっています。

創価学会はこの四半世紀、阿部日顕という僭聖増上慢と、それに付随する反学会勢力との戦いに、勝利したと言えるのではないでしょうか。

「三類の強敵」は時代とともに変遷

佐藤　ただ、これで「三類の強敵」との戦いが完全に終わったかと言えば、そうではないと思うのです。

池田会長の『新・人間革命』は、創価学会が世界に広がっていく様子を描いたものでもあります。どの国のSGIも黎明期《れいめい》には大なり小なり社会とのあつれきを経験していることが、読むとよくわかりますね。ブラジルのように、国家権力による弾圧につながりかけた国も少なくありません。

そうした社会とのあつれきも、ある意味で「三類の強敵」との闘争なのだと思います。つまり、日本の創価学会が乗り越えてきた「三類の強敵」との戦いを、百九十二カ国・地域のＳＧＩが形を変えて繰り返していく……世界宗教への飛翔とは、一面ではそのような困難な闘争でもあるのでしょう。

――なるほど。そういう面も確かにありますね。それとは別に、日本の創価学会の進む先にも、かつての戦いとは違う形で、「三類の強敵」が立ちはだかるように思うのです。たとえば、一般民衆の無知からくる迫害である俗衆増上慢のありようも、今のようなネット時代には、ネットがなかったころとはおのずと変わってくるはずです。

同様に、道門増上慢も、日蓮大聖人の生きた時代と現代では、形が変わってきます。「既成仏教や他の新宗教からの迫害」という定義に収まらない、新たな道門増上慢が現れてきたのではないでしょうか。

佐藤　興味深い見方です。池田会長はかつて『御義口伝講義《おんぎくでん》』のなかで、「道門増上慢とは、既成宗教界、新興宗教界ともに含まれる。（中略）しかし、道門増上慢は、すでに力を失っている。京都、奈良の寺々はさびれ、観光地と化し、邪宗日蓮宗の本山、身延《みのぶ》も、すでに荒廃の極に達している。道門増上慢の盛んな時代も過ぎ去っている証拠といえよう」と語られました（『御義口伝講義上（三）』聖教文庫）。

しかし、既成仏教や新宗教が勢いを失ったなか、別の形の道門増上慢が台頭してきたとも考えられます。

英国の歴史学者、アーノルド・トインビー（共同通信社）

この章にも「**現代においては、〝聖なるもの〟は、いわゆる宗教とは限りません**」（中巻一〇六ページ）との指摘があるとおり、狭義の宗教ではない〝世俗化された宗教〟がさまざまあるからです。それらの〝世俗化宗教〟の数だけ、新たな道門増上慢もあり得るのです。

たとえば、歴史家アーノルド・トインビーは、池田会長との対談集『二十一世紀への対話』のなかで、十七世紀におけるキリスト教の後退によって生じた空白は、三つの別の〝宗教〟の台頭によって埋められたと指摘しました。三つとは、科学技術の進歩の必然性への信仰、ナショナリズム（国家主義）、そして共産主義です。

トインビーが言うように共産主義を一種の宗教と見なせば、日本共産党が創価学会を執拗《しつよう》に批判していることも、道門増上慢の一つの形と言えるでしょう。

さらに言うなら、宗教学者、仏教学者の一部が、「真実の仏法を究めずに自分の考えに執着」し、我見《がけん》によって創価学会を批判・攻撃することも、現代の道門増上慢と言えなくもありません。それはいわば、宗教学・仏教学という名の新たな宗門——〝世俗化された宗門〟から生まれた、「我賢《かしこ》し」と慢心する道門増上慢なのです。

そして、時代の変化によって生まれた新たな「聖なるもの」を、僭聖増上慢も巧《たく》みに利用するでしょう。池田会長が次のように指摘されているとおりです。

「**いつの時代にも、多くの人にとって侵《おか》しがたいタブーがあるものです。権威ともいってよい。その仮面の陰に隠れるのが『僭聖』なのです。その『権威』**

は宗教とは限らない。時と場所によって変わるでしょう。それにともなって、僭聖増上慢の現れ方は変わりますが、方程式は同じです。つねに、その社会の〝聖なるもの〟を利用して法華経の行者を迫害するのです」（中巻一〇六ページ）

「人間への尊敬」と「人間への軽蔑」の対決

佐藤　それから、この章で池田会長が〝法華経の行者と僭聖増上慢は、「人間への尊敬」と「人間への軽蔑」という鮮やかなコントラストを示している〟と論じられていることに、強い印象を受けました。

「『人間への尊敬』の究極は、『万人が仏である』と礼拝する法華経の信念です。『人間への軽蔑』の究極は、人間をモノとして利用する権威・権力の魔性《ましょう》です。その根底には『元品《がんぽん》の無明《むみょう》』がある。

法華経を行じるとは、生命的に言えば、『元品の無明』との対決を意味する。社会的に言えば、権威・権力の魔性との対決を意味する。ゆえに大難は必然なのです」（中巻九五ページ）

ここには、なぜ法華経の行者が三類の強敵に迫害されるのかという根源的な理由が説き明かされています。

――「元品の無明」は、「生命に具《そな》わる根源的な無知であり、ここから人間の尊厳に対する不信や、他者への蔑視が生まれる」と説明されます。

佐藤　いわゆる「権力の魔性」とは「人間への軽蔑」の究極の姿であり、その根底には「元品の無明」がある、との指摘に唸《うな》りました。僭聖増上慢の本質が「元品の無明」であるなら、それが権力との結託に向かうのも必然であるわけですね。

池田思想の最重要キーワードの一つである「人間主義」は、言い換えれば「人間への尊敬を貫く思想」でもあります。だからこそ、その思想を世界に広めていこうとするとき、そこには必然的に迫害が生まれるのですね。法華経の行者と三類の強敵との戦いは、この勧持品の章の見出しにもあるとおり「本源的な『人権闘争』」でもあるのでしょう。

8

「折伏」と「寛容」について考える

「創価学会の世界宗教化」が社会に受け入れられた

――今回から「安楽行品《あんらくぎょうほん》」の章に入ります。法華経二十八品のうち、これでようやく「迹門《しゃくもん》」(前半十四品)の読み解きが終わることになります。

佐藤 やっと〝折り返し地点〟まできました。本門《ほんもん》に入ると、一品一品をさらに時間をかけて読み解くことになるでしょうから、まだ先は長いですね。

「安楽行品」に入る前に、ここまでに感じたことを少し述べておきます。当連載の前身に当たる「創価学会とは何か」(日蓮研究者・松岡幹夫氏との対談。『創価学会を語る』として単行本化)の連載が本誌で始まったのが二〇一五年二月号で、対談開始は一四年でしたから、そこから数えれば、私と本誌にご縁ができてから五年になります。この五年間で、創価学会の世界宗教化のプロセスは大きく進んだし、そのことについての日本社会の認識も大きく変わったと、私は感じています。

たとえば、『法華経の智慧《ちえ》』という書物は、全体が「創価学会の世界宗教化」を見すえた内容になっています。しかし、『法華経の智慧』が連載された一九九〇年代中盤には、「創価学会が世界宗教になりつつある」と言っても、一般にはまだピンとこなかったと思うのです。それがここ数年で、「創価学会が世界宗教化している」という認識は、日本社会一般に広く受け入れられるようになってきています。

その一例として、ジャーナリスト・田原総一朗さんが昨年(二〇一八年)出版した著書『創価学会』(毎日新聞出版)の第八章は、「世界宗教への道程と挑戦」と題されています。あの本の大きなテーマの一つが、「創価学会の世界宗教化」なのです。そのような本が毎日新聞出版から刊行され、十万部突破のベストセラーになっているというのは、創価学会の世界宗教化が広く受け入れられつつある証左《しょうさ》と言えます。

私は、あの本の内容すべてに同意するものではありません。たとえば、いわゆる「言論問題」や、創価学会の政治進出についての評価は、田原さんと私では異なります。それでも、「創価学会の世界宗教化」を肯定的に捉《とら》えている点は大いに賛同します。

そして、全体としては学会に好意的なあの本がベストセラーになったにもかかわらず、「あの田原総一朗も、ついに学会側の人間になってしまったか」などという誹謗《ひぼう》中傷はほとんど見当たりません。そのこと自体、創価学会に対する拒絶反応が日本社会から払拭《ふっしょく》されてきた証左だと思います。

――田原さんの『創価学会』の第八章には、異なる宗教の世界からSGIに入会した四人のSGI幹部がインタビューの相手として登場しますね。ユダヤ教徒だったアメリカSGI理事長、イスラム教国に育ったアメリカSGI議長、儒教徒《じゅきょうと》であった韓国SGI理事長、キリスト教徒であった欧州SGI女性部長です。

佐藤 はい。あの章で田原さんは、「既存の宗教と無理なく融和していったことも、世界各国に広がっていったことの要因のようだ。（中略）池田はそれぞれの国の宗教を尊重するという姿勢を崩さなかった」と分析されています。

これはまったくそのとおりで、各国に根付いた宗教と無理なく共存できるからこそ、創価学会は今世界宗教化しつつあるのです。かつての「折伏大行進《しゃくぶく》」の印象が根強いせいか、「創価学会は他宗教の価値を認めない、排他的《はいた》で非寛容な教団である」というイメージを抱《いだ》いている人は、いまだに多いようです。しかし、それは誤解です。創価学会はほかの世界宗教と共存できる寛容性を十分持っています。むしろ、寛容性に創価学会の特徴があります。

そしてそのことは、キリスト教やイスラム教など、ほかの世界宗教についても言えます。たとえば、田原さんの本に登場するアメリカSGI議長のタリク・ハサン氏は、「イスラム教国に育った」というあいまいな書き方があえてなされています。しかし、イスラム教は原則として改宗を認めておらず、イスラム法では「棄教者《ききょうしゃ》」は死刑とされています。しかし一方で、イスラムの教えを捨てなければ、そのうえで他宗教の信仰をする自由を認めるだけの寛容性を、イスラム教は持っているのです。

「イスラム教徒であると同時にSGIメンバーでもある」というと、日本人の一般的な感覚では「矛盾《むじゅん》している」と思うかもしれません。しかし、たとえば「日本人女性が、イスラム教を国教とする国のイスラム教徒の第三夫人になった」という事例を考えてみてください。このケースは、日本の法律を準拠法として考えれば、婚姻《こんいん》が成立していません。しかし、イスラム法では正式な婚姻として認められます。そのように、暮らしている文化が異なれば見方が大きく異なるということはあるわけです。

宗教についても、イスラム圏に生まれ育った人にとっては、自分がイスラム教徒であることは、肌の色と同じようなものです。つまり、自分で選べないし、自分では変えられない「与件《よけん》」(すでに与えられている条件)です。しかし、「もともとイスラム教徒である」ことと、その人がSGIという宗教を自《みずか》らの意思で選び、日々勤行《ごんぎょう》・唱題《しょうだい》して学会活動に励むことの間には、何の矛盾も問題も生じないのです。イスラム教には、そのようなハイブリッド性がある。だからこそ世界宗教になり得たのです。

――アメリカSGIメンバーにも、ユダヤ教徒としてのアイデンティティーを保ったまま、SGIの活動もちゃんとやっている方がいます。

佐藤 ユダヤ教の場合、母親がユダヤ人であれば自動的にユダヤ教徒になるわけですね。その点で、やはり宗教であると同時に「文化」でもある。世界宗教は、そういう各国の文化と衝突することなく広まっていけることが、大きな特徴なのです。

サミュエル・ハンティントン（米国の政治学者）が『文明の衝突』という有名な論文を書いたように、文明と文明は衝突し、ときには戦争になります。しかし、世界宗教そのものはそのような衝突を起こしません。なぜなら、「文化の多様性を認める」という特色を持っているからです。ＳＧＩもしかりで、それは具体的には池田思想の「人間主義」のなかに示されています。池田会長は、異なる宗教に依拠《いきょ》した相手であっても、「同じ人間である」という原点に立って、有意義な対話をすることができる方です。その池田会長の教えが根底にあるからこそ、各国のＳＧＩも「既存の宗教と無理なく融和」できるのです。

「安楽行品」に説かれる賢明な布教

――それでは「安楽行品」の章に入ります。「安楽行」とは、表面的に捉えれば「楽で簡単な修行」という意味ですね。しかし、前の「勧持品《かんじほん》」で、釈尊《しゃくそん》滅後に法華経を弘《ひろ》めようとする者を「三類の強敵《ごうてき》」が迫害すると説かれているとおり、末法の法華経の行者に「楽で簡単な修行」はあり得ません。法華経が「折伏の経典」である以上、迫害は必然的に起こってくるからです。

佐藤　よくわかります。だからこそ、日蓮大聖人は「難来《きた》るを以《もっ》て安楽と意得《こころう》可《べ》きなり」（御書七五〇ページ）と仰せですし、池田会長はそれをふまえてこの章で「『**難即安**

楽』。この悠々たる大境涯《だいきょうがい》をつくるのが、安楽行品の根本です」（中巻一一三ページ）と語っておられるのですね。

――ええ。ただし「安楽行品」では、周囲とのあつれきを気にせずがむしゃらに弘《ぐ》教《きょう》を進めていけと説かれているわけではありません。むしろ、弘教においては感情を制御して相手に忍耐強く接しなさいとか、不正直や高慢《こうまん》な姿勢であってはいけない……などという、布教に当たってのこまやかな心構えが説かれている品なのです。言い換えれば、賢明な態度で弘教に臨むことで、避けられるあつれきや難は避けていくべきだ、という教えなのです。

佐藤　自ら進んで氾濫《はんらん》する濁流《だくりゅう》に飛び込んだり、虎と素手《すで》で闘ったりするような「蛮《ばん》勇《ゆう》」は、弘教に必要ないということですね（笑）。しかし、たとえ賢明かつ慎重に弘教を進めたとしても、必然的に難が起こる場合もあります。そんなときには難を恐れるべきではない、ということなのでしょう。そのような避けようのない難については、むしろそれを「安楽」と捉えて悠然と戦うことが、自らの宿業《しゅくごう》を断ち切り、生命を鍛えることになる……というのが池田会長の教えだと思います。ただし、受けなくてもいい難までわざわざ招来《しょうらい》する必要はないわけです。

法華経を布教するための二種類の方法である「折伏」と「摂受《しょうじゅ》」について、「正《しょう》法《ほう》・像法《ぞうほう》時代は摂受で行うべきで、末法に入っては折伏で行うべきである」という立て分けがあります。ただ、「今は末法だから、何が何でも折伏でなければいけない。相手の間違いを厳しく論破するやり方でなければ、間違った布教になってしまう」と考えてしまうのはあまりに機械主義的であって、今の時代であっても、相手の状況に応じて摂受から入ることはあってもいいわけですね。

――日蓮大聖人はこのことについて、「無智・悪人の国土に充満の時は摂受を前《さき》とす安楽行品のごとし、邪智《じゃち》・謗法《ほうぼう》の者の多き時は折伏を前とす常不軽品《じょうふきょうぼん》のごとし」(御書二三五ページ)と、『開目抄《かいもくしょう》』で書かれています。

末法に合った布教方法は基本的には折伏ですが、現在SGIがある百九十二カ国・

地域のなかには、仏法そのものを知らない「無智」の人々が大半な国も多いわけです。特に法華経や日蓮仏法については、まったく知られていない国がほとんどでした。そういう人たちをつかまえて、「あなたの宗教は間違っている。正しい日蓮仏法を信仰しなさい」と頭ごなしに言っても、反発を招くだけで無益です。したがって、そういう国に対しては、「摂受」スタイルの折伏を行ってきたのだと言えます。

佐藤 なるほど。そのことを裏返して言うと、日本人の場合、仏教の宗派の違いくらいは知っている人が多数派だし、創価学会の存在自体を知らない人はまずいないでしょうから、摂受が成り立ちにくいですね。日本における布教は、基本的には折伏にならざるを得ないということですね。

――仏教について一応の知識があって、なおかつ法華経に無理解で誹謗する人は、法華経の行者から見れば「邪智・謗法の者」にほかならないですからね。

佐藤　そこから話を広げるなら、ＳＧＩ各国のなかで日本の創価学会が政治活動を重視しているのも、一面から言えば、「邪智・謗法の者」が「国土に充満」しているからこそでしょうね。なぜなら、そういう国では「邪智・謗法の者」が政治権力と結びついて法華経の行者を迫害する構図が生まれやすいわけで、それに対抗するためには、正法の側も政治権力の次元で対抗せざるを得ないからです。

創価学会が政治進出した理由はさまざまな角度から語れるでしょうが、戦前の創価教育学会時代に国家の弾圧を受けたことも大きな要因になっていると思います。「信教の自由」を守るためには、学会側も政治的な力を持たなければならなかったのです。

日本でも、時代に応じて折伏のスタイルは変わる

佐藤　ただ、同じ日本国内の布教においても、昔の「折伏大行進」の時代に比べれば、今の創価学会の布教はかなりソフトになってきているといわれますね。

——そうですね。というのも、一九六〇年代後半のある時点から、創価学会の布教スタイルには一つの大きな転換があったのです。池田会長はブライアン・ウィルソン（英国の宗教社会学者）との対談集『社会と宗教』のなかで、次のように表現していま す。

「創価学会の発展も、戸田城聖《じょうせい》第二代会長が、第二次世界大戦後、布教の活動を始めてから、一九六五年ぐらいまでの十数年間は、文字通り爆発的ともいえる伸展を遂げました。しかし、その後は、徐々に速度をゆるめ、着実な伸長を続けています。

一つには、あまりにも急激な布教活動を展開すると、社会的な摩擦《まさつ》が大きくなるため、もう一つには、個々の会員の生活にしても、組織という点においても、その内部的充実・整備を同時に図りながら進めなければ破綻《はたん》をきたす恐れがあると考え、私自身が、責任者として、方向を転換したのです」（『池田大作全集』第六巻、聖教新聞社）

佐藤 なるほど。そのような方向転換が行われてから約半世紀がたつので、昔の「折伏大行進」時代に創価学会に反発を抱いた世代の人たちが、少なくなってきており、「平和・文化・教育」を前面に打ち出して以降の創価学会のイメージのほうが、今はもう強いわけですね。となると、創価学会を誹謗中傷する人もおのずと少なくなってくるわけです。

――折伏というのは、相手が誤《あやま》ったことを言って正法を誹謗しているからこそ、対抗措置としてそれを論破するものです。相手が特に誤ったことを言っておらず、単に「無智」であるならば、それに応じたやり方でいいのだと思います。

佐藤　『法華経の智慧』が連載された時期は、前回も触れた、「創価学会包囲網《ほういもう》」とも言うべき団体であった「四月会《しがつかい》」が暗躍していた時期と重なりますね。この安楽行品の章にも、四月会を念頭に置いたと思われる、次のような一節があります。

「日本でも、学会を独善的・排他的だなどと決めつけてきた一部の勢力が、政治権力と結託して国民の『信教の自由』を脅《おびや》かしています。これなどもひどい矛盾です。

『寛容』を口にしながら、宗教弾圧という、最も『不寛容』な行為に手を貸しているのですから」（中巻一三三ページ）

現代においてはこの四月会のように、日蓮大聖人の時代においては他宗の高僧のように、法華経の行者迫害や誹謗を重ねている相手がいるときには、折伏は攻撃的になるわけですね。

しかし、相手の姿勢がニュートラルであれば、布教する側もニュートラルな姿勢で臨むわけで、折伏というのは実は本来「寛容な行為」なのですね。

――そうですね。特に今の若い世代には、創価学会について何の先入観も持っていない、いわば「まっさらな状態」の人が少なくありません。そういう人たちを相手に、「君の家の宗派は念仏か。念仏はここが間違っている！」などと、いきなり昔のような折伏を行ってしまったら、単に非常識な人間だと思われてしまいます。日本という同じ国の布教であっても、時代に応じ、相手に応じて臨機《りんき》応変《おうへん》に進めていくべきなのです。もちろん、根本精神が折伏にあることが前提なのですが。

佐藤　よくわかります。池田会長は、「まず大前提として、末法において南無妙法蓮華経を説くことは、すべて『折伏』です。我が身を惜しまず妙法を語っていく折伏精神が根本であれば、相手の誤りを破折《はしゃく》することも、また相手の考えを包容しながら真実を説くことも、両方あってよいのです」（中巻一一八ページ）と語られていますね。

要するに、「折伏」と「摂受」というのは二項対立というより、ある種のスペクトラム（連続体）として理解すべきなのですね。「どこまでが折伏で、どこからが摂受である」とはっきり線引きできるようなものではなく、常に両方の要素を内包している。

この「安楽行品」の章のなかに、仏の説法を「転法輪《てんぽうりん》」――「法輪を転ずる」と表現すると説明されている一節があって（中巻一三五ページ）、イメージとしてよく理解できました。布教のための対話も、車の車輪が瞬時に方向転換できるように、相手に応じて臨機応変にスタイルを変えられることが、本来あるべき姿なのですね。「折伏なのだから、とにかく相手を論破しなければいけない」と、硬直的に思い込む必要はないのでしょう。

差異にとらわれず相手の生命そのものを見る

佐藤 先ほど言った、折伏は本来「寛容な行為」であるという話は、ちょっとわかりにくいかもしれません。なので、角度を変えてもう少し語ってみます。

この章には、当時（一九九五年）制定されたばかりだった「SGI憲章」の次の一節が紹介されています。

「**SGIは仏法の寛容の精神を根本に、他の宗教を尊重して、人類の基本的問題について対話し、その解決のために協力していく**」（中巻一三二ページ）

今回、最初のほうで話した、池田会長が各国への布教に当たって、「それぞれの国の宗教を尊重するという姿勢を崩さなかった」理由も、ここにあるのだと思います。

なぜ他の宗教を尊重するのか。それは、池田会長が「この人は○○教徒だからだめだ」などという短絡《たんらく》的な決めつけを一切されない方だからでしょう。信ずる宗教やイデオロギーが異なっても、同じ人間であるという共通の一点から、虚心坦懐《きょしんたんかい》に胸襟《きょうきん》を開いて対話に臨む……そうした姿勢を、この章のなかで池田会長は次のように表現されています。

「仏法は『人間』そのものを見る。その人の『心』『生命』を見るのが、仏法です。仏眼《ぶつげん》・法眼《ほうげん》で見れば、仏教徒ではなくとも〝菩薩《ぼさつ》界〟の人がいる。（中略）見かけは信心しているようでも、心は〝餓鬼《がき》界〟の人もいる。『何教徒か』を見るのではない、その人の生命が『何界か』を見るのが仏法なのです。そしてすべての人の中の仏界《ぶっかい》を開くための仏法です。

世間は『差別（差異）』の世界である。仏法は『出世間《しゅっせけん》』です。出世間とは、あらゆる表面の差異を超えて、人間の『いのち』を見るということです」（中巻一三一ページ）

私は池田会長のこのような姿勢こそ、真の意味で折伏精神そのものだと思います。どの国のどんな立場の人であれ、表面的な差異にとらわれず、虚心に相手の生命そのものを見る。そして、相手の幸せを心から祈って対話をする。

日蓮大聖人が他宗の人と法論《ほうろん》を交わすときの姿勢も、きっとそうだったのだと思います。相手を論破することが目的なのではなく、相手の仏界を開くことこそ根本目的であったはずです。折伏とは本来そのような営《いとな》みであり、だからこそ、実は最も寛容な行為なのだと思うのです。

9

師弟が共闘してこそ「難即安楽」に

他者への寛容性を担保する「人間主義」

佐藤　前回、「世界宗教には、他の宗教や文明に対する寛容の精神が不可欠である。それがなければ世界宗教たり得ない」という話をしました。昨年（二〇一八年）来、フランスで相次いでいるヴィーガン（完全菜食主義者）の食肉店襲撃事件のニュースに触れて、あらためてそのことを思いました。

2019年夏、チェコ共和国・プラハで行われたヴィーガンのデモ行進
（ＣＴＫ／共同通信イメージズ）

というのも、一部の過激なヴィーガンによる食肉店襲撃や食肉解体場の放火事件といったテロには、キリスト教文化の背景があるからです。キリスト教は人間に特権的地位を与えていて、「人間は自然や他の動物を支配することを神から許されている」という発想を持っています。動物を人間よりも一段低く見るキリスト教への反発が、過激なヴィーガンの行動の元になっている「人間至上主義のもと行われる動物差別に反対する」という思想を生んだのです。

――そういえば、米国に本部のある過激な環境保護団体「シー・シェパード」が日本の調査捕鯨《ほげい》船襲撃事件を起こしたりしていますが、そのような「エコ・テロリズム」（暴力行為を伴う過激な環境保護・動物愛護運動）はキリスト教文化圏で盛んですね。宗教的背景があるからこそ過激になるというか、エコ・テロリズム自体が一種の宗教と化しているのかもしれませんね。

佐藤　ヴィーガンが自《みずか》らの信念に基づいて完全菜食主義の生活を送ること、それ自体はもちろん自由です。しかし、肉食をする人を攻撃し、食肉店を襲撃したりすることは、明らかにいき過ぎでしょう。それは、「自分とは異なる考え方の人間を許さない。そうした人間を排除するためには暴力も辞さない」という極端な姿勢なのですから。根本においては、エコ・テロリストたちのやっていることは「ＩＳ」（「イスラム国」）のテロと同じです。

そして、宗教はとかくそのような極端な行動に走りがちです。なぜなら、あらゆる宗教の信者は「自分たちの宗教は絶対に正しい」という確信を抱《いだ》いているからです。

その確信を抱いたまま、「他者には他者の考え方があるのだから、それを尊重する」という寛容の姿勢を担保できなければ、世界宗教たり得ません。

創価学会／ＳＧＩの場合、異なる宗教・文明への寛容性を担保しているのは、絶対的な生命尊重思想であり、「あらゆる人が仏性《ぶっしょう》を持っている」という考え方を背景に、すべての人間を尊重する池田会長の「人間主義」があるからです。生命尊重が根底にあるからこそ、ＳＧＩの人々はテロ行為には絶対に走りません。また、信ずる宗教は異なっても、相手の生命には仏性があると考えるからこそ、ほかの宗教も尊重できるのです。

菩薩行を歓喜に満ちた「仏の営み」と捉える

――「人間を尊重する」というようなことは多くの人が言っています。そのなかで、池田会長の「人間主義」はほかの「人間主義」とどこが違うのでしょうか。

佐藤　やはり「すべての生命を尊重する人間主義である」という点でしょうか。極端な言い方をすれば、ヒトラーの思想もある意味で「人間主義」です。ただし、アーリア人種のみを尊重し、ユダヤ人は滅ぼしてもよいという、極端にゆがんだ「人間主義」でした。それに対して、池田会長の「人間主義」は何の偏《かたよ》りもなく、すべての人間を尊重する思想であるわけです。しかもそれは、「すべての生命を尊重する」という思想が根底にある「人間主義」です。

――池田会長の「人間主義」は、「生命主義」と言い換えることも可能ですね。さらにそれを現実的な面で考えてみると、日々の生活を尊重する「生活主義」と言い換えることも可能かもしれません。すべての生活者を尊重する思想でもあるのでしょう。

佐藤　英語でもドイツ語でもロシア語でも、「生活」と「生命」を意味する言葉は一緒です。そのことが示すとおり、「生活」と「生命」は立て分けられません。生命を尊重することは、生活者一人一人を尊重することとイコールなのです。

公明党が「生活者目線の政治」を重視しているのも、根底に党の創立者である池田会長の「人間主義」があるからこそでしょう。昨年の結党記念日（二〇一八年十一月十七日）に際し、公明党の斉藤鉄夫幹事長が記者会見で発表した談話にも、次のような一節がありました。

「引き続き、生命・生活・生存を最大に尊重する人間主義、中道主義を掲げて、安心で希望ある社会、共生社会をめざし、国民の声、現場の声を政治に反映していく」（公明党サイト）

そのような「生活者目線の政治」の根底にあるのは、創価学会が持つ徹底した「此《し》岸《がん》性」です。どこか遠くにある「彼岸《ひがん》」での幸福ではなく、今生きているこの現実社会での幸福の実現を、強く希求《ききゅう》してきたのが創価学会です。だからこそ公明党も、国民一人一人の日々の生活をよりよいものにすることを、常に追求してきました。

――その「此岸性」に関連して、「安楽行品《あんらくぎょうほん》」の章には次のような一節があります。

「今、行動した分だけ、来世も、次の生も、また次の生も、あるいは社会の大指導者となり、あるいは大科学者となり、大文豪、大経済人、大学者となり、また無名の庶民の王者となり、あらゆる長者の姿をとって、妙法を根本に人々を救っていけるのです」(中巻一三七ページ)

「霊山浄土《りょうぜんじょうど》」とはどこにあるのか、という論点のなかで出てきた池田会長の発言です。一般には「霊山浄土」というとはるか遠くの世界というイメージですが、日蓮仏法ではそう考えません。「霊山浄土に安楽に行詣《ぎょうけい》す可《べ》きなり」という御書の一節(七九八ページ)があるように、法華経の行者一人一人が生きる現実のなかにも「霊山浄土」はある、と考えるのです。

佐藤　先ほど引用してもらった箇所に書かれている、何度も生まれ変わり、姿を変えつつ「妙法を根本に人々を救っていける」こと……それ自体が「霊山浄土」なのだという、まさに「此岸性」の教えが日蓮仏法であり、池田思想なのですね。

釈尊《しゃくそん》の仏法では、「この世は四苦八苦に満ちた世界だから、生まれ変わるたびに苦しみが避けられない」と考えますね。だからこそ、仏道修行によって輪廻《りんね》から解き放たれる「成仏《じょうぶつ》」を目指すわけです。それに対して、日蓮仏法では、何度もこの世に生まれ変わっては人々を救うこと自体を歓喜と捉《とら》える……正反対ですね。

――初期仏教に限らず、ほかの大乗仏教各派と比べても、日蓮大聖人のそうした捉え方は特異です。「繰り返し生まれ変わって人々を救う」とは、要するに「菩薩行《ぼさつ》」ですが、ほかの大乗仏教では、菩薩行の果てに成仏してしまえば、それで修行は終わりです。仏は別世界の存在となり、それ以上生まれ変わって菩薩行を積む必要はないと考えるのです。

佐藤　それが、日蓮仏法においては、菩薩行それ自体が仏の営《いとな》みとなり、成仏してからも常に此岸（現実世界）に降り立って、それぞれの立場で人々を救っていくと考えるのですね。創価学会もそうした成仏観に立っています。

確かに、『聖教新聞』の体験談などを読むと、長年信心してきたお年寄りが、「来世はアメリカ人に生まれ変わって、英語で広宣流布《こうせんるふ》の戦いをしようと思っています」などと語っていたりします。そのような考え方の根底には日蓮仏法独特の成仏観があって、それが「希望の原理」になっているわけですね。「この世は苦しみに満ちた世界だから、成仏して輪廻を断ち切り、二度と生まれ変わらない涅槃《ねはん》の境地になろう」という教えからは、そうした前向きさは生まれてこない気がします。

――そうですね。そうした前向きな生き方は、「生まれ変わって菩薩行を積み重ねていくこと自体が、歓喜に満ちた仏の営みである」という考え方が根付いていることが背景にあると感じます。

佐藤　要するに、一般仏教においては、人を救う「菩薩行」も、成仏のための修行として行う側面が強いわけですね。輪廻を断ち切る成仏自体が目的であって、菩薩行はそのための手段である、と……。それに対し、日蓮仏法においては、菩薩行を積み重ねる過程それ自体のなかに成仏があると捉えるわけですね。

無関心ではない「寛容」こそ重要

――前回の「折伏《しゃくぶく》と寛容」についてのお話には、大きな反響がありました。そこで、もう少し寛容についてのご意見をお聞きしたいと思います。佐藤さんは、二〇一四年のご著書『サバイバル宗教論』（文春新書）において、次のように述べておられますね。

「もちろん一神教の中にも、不寛容な人もいれば不寛容でない人もいる。しかし、基本的には、一神教というのはむしろ寛容です。なぜかと言えば、一神教の信者は神と自分の関係にしか関心がないからです。ほかの人がどんな宗教を信じているか、信じていないかにはそもそも関心がない。無関心であるがゆえの寛容というわけです」

創価学会の寛容性はそういうものではないですね。むしろ「おせっかい」と言われるほど相手に関心を寄せ、だからこそ折伏しようと考えるわけです。その点、どう捉えたらよいでしょうか？

佐藤　「無関心ゆえの寛容」は、言い換えれば単なる「冷淡」で、真の寛容ではないと思います。真の寛容とは、「相手に対して〝介入〟する準備を整えたうえで、そのタイミングを待っている状態」を言うのでしょう。つまり、相手に対する強い関心・思いやりこそが、真の寛容の前提なのです。

ヨーロッパ的文脈における「寛容」がそもそもどこから生まれたかといえば、宗教戦争です。カトリックとプロテスタントが対立し、長きにわたって血で血を洗う戦いを繰り広げたのがヨーロッパの歴史です。その戦いが終わったとき、殺戮《さつりく》と破壊を繰り返さないために生まれたのが、英語で言う「tolerance」――寛容であったわけです。

それは、「この線を超えたら大変なことになるから、超えないようにしよう」という〝棲《す》み分け的寛容〟だったのです。つまり、ヨーロッパ的文脈の寛容とは「力の均《きん》衡《こう》」による寛容であって、力関係が変われば線引きも変わってしまいます。

それに対して、創価学会が「SGI憲章」のなかに定めた「仏法の寛容の精神」という場合の「寛容」は、もう少し次元の高い寛容でしょう。次元が高いと同時に、「下町の人情」にも似た素朴《そぼく》な寛容でもあります。

たとえば、地域の学会員が、「目の前に困っている人、苦しんでいる人がいたら、赤の他人だろうと放っておけない」と感じて折伏をしようとする。そしてそのときに、何と言って話を切り出そうかと考えて、最適なタイミングをじっと待つ……そのような姿勢のなかにある寛容であり、無関心や利己主義ではない寛容なのです。

――とかく人間関係が希薄《きはく》になりがちな現代社会では、「無関心ゆえの寛容」と、相手に関心を抱いたうえでの真の寛容が、区別しにくいですね。

佐藤　そうですね。社会学者・菅野仁《かんのひとし》氏（故人）の著書『友だち幻想』（ちくまプリマー新書）は、そのへんのことを考えるのによい本です。二〇〇八年に刊行された本ですが、昨年（二〇一八年）、芥川賞《あくたがわしょう》作家の又吉直樹さんがテレビで取り上げて絶賛したところ、突然ベストセラーになって話題を呼んだ本です。

これは、〝友だちといっても所詮《しょせん》は他人なのだから、自分を一〇〇パーセント理解してもらおうなどと考えるのはやめて、適切な距離感を保とう〟と、「友だち幻想」

を捨て去ることの大切さを綴《つづ》った本です。私も総論においてはその主張に同意しますし、よい本ではあるのですが、同意できなかったのは著者が師弟関係を否定している点です。

「私から言わせれば、先生というのは基本的には生徒の記憶に残ることを求めすぎると、過剰な精神的関与や自分の信念の押し付けに走ってしまう恐れがあるからです。だから生徒の心に残るような先生になろうとすることは無理にする必要はなく、それはあくまでラッキーな結果であるくらいに考えるべきで、ふつうは生徒たちに通り過ぎられる存在であるくらいでちょうどいいと思うのです」（『友だち幻想』）

仮にすべての教師がそういう存在であるなら、そもそも学校に通う必要もありません。放送大学や予備校のネット講義などで教育を受ければよいことになってしまいます。しかし、教育というものは本来、知識の習得だけが目的ではなく、生身の教師との師弟関係から受ける感化・触発のほうがはるかに重要なのです。なかにはだめな教師もいますが、その場合でも反面教師にするという形で受けた感化が、人生で重要な役割を果したりするものです。そう考えて、つい最近「大ヒット本『友だち幻想』

への違和感」という原稿を書きました（『週刊現代』二〇一八年十一月二十四日号）。

寛容の問題にも、それと似たところがあります。「通り過ぎられる存在」のような、インタラクション（相互作用）がないところに生まれる寛容は、単なる無関心でしかない。真の寛容は、相手との間に強いインタラクションがあり、そのうえで生まれるものなのです。創価学会員の大きな特徴は、「苦しんでいる人を見過ごせない。見て通り過ぎることができない」という点にこそあると思います。その特徴は、たとえば東日本大震災の被災地において、学会員の被災者がほかの被災者を救おうとする菩薩の行動となって表れました。

そして、「苦しんでいる人を見過ごせない。悪を見過ごせない」というのは、池田会長の生き方、三代会長の生き方そのものです。三代会長の生き方から強い感化を受けたからこそ、学会員の皆さんには共通して「無関心ではない寛容」の精神があるのだと思います。

とかく無関心と寛容が混同されがちな現代社会にあって、相手との関わりを前提とした真の寛容とはどのようなものか？ それを考えるうえでも、『法華経の智慧《ちえ》』のこの章は重要です。

私は、折伏精神を根底に持たなければ真の寛容も持ち得ないものだと思います。学会員の皆さんは、なかんずく池田会長は、信仰心が強いからこそ寛容になれるのです。逆に、信仰心が弱くて自分に自信がなければ、そのことを隠そうとしてついつい強圧的になり、相手に対して寛容にはなれないものです。

「難即安楽」を実感させる体験の重み

佐藤　『法華経の智慧』全体が、創価学会員の皆さんのさまざまな信仰体験をちりばめた書物であるわけですが、この「安楽行品」の章では特に体験談が重要な位置を占めていますね。冒頭近くで紹介される、「入会満四十周年になる、あるご夫妻の体験」(中巻一一四〜一一六ページ)がそうです。

「人の家の物置に、親子五人で間借りする」ような貧乏のどん底から出発したそのご夫妻が、百世帯以上の弘教《ぐきょう》を成し遂げていくなかで大きく境涯《きょうがい》を開き、飲食業で成功して悠々自適《ゆうゆうじてき》の生活となった体験は、感動的です。ご夫妻は、「学会活動ほど楽しいものはない」と常々語られていたとのことです。このご夫妻の姿そのものが、「安楽行品」について日蓮大聖人が言われた「難即安楽《なんそくあんらく》」の具体例になっているわけです。

池田会長が「**そのご夫妻は、私もよく存じあげています**」（中巻一一六ページ）と言われているくらいですから、実名を出せば学会員の皆さんのなかには知っている人も少なくない方なのでしょう。しかし、あえて実名は出さず、「あるご夫妻」としている。私は、そのことにも意味があると思います。特定の誰かの話なのではなく、このご夫妻の体験は、学会の歴史のなかで数えきれないほど生まれてきた「難即安楽」の体験の象徴として言及されているのでしょう。個人の話に回収されていないのです。だからこそ、読んだ人も「このご夫妻のように、私も頑張ろう」と、「わが事」として捉えることができる。そのような構成は、『新・人間革命』『人間革命』においてもしかりです。二作品は創価学会の歴史を描くと同時に、個々の学会員の「人間革命」のドラマが織りなす絵巻でもあるのです。

そして、『法華経の智慧』という書物において、個々の学会員の具体的な体験が随所に登場すること自体、学会員の皆さん、ひいては世界のＳＧＩメンバーのために書かれていることを示しています。なぜなら、単なる研究書・学術書であれば、そのような構成はあり得ないからです。『新・人間革命』『人間革命』も『法華経の智慧』も、研究者や「学会ウオッチャー」のために書かれたわけではなく、個々の学会員に向けての池田会長のメッセージにほかならないのです。

――「池田先生からいただいたお手紙」を読む思いで、人生の指針とすべく『法華経の智慧』を読んでいる方も多いと思います。いわば、『法華経の智慧』を読むことが「師との対話」にもなるわけです。

佐藤　はい。そして、日蓮大聖人が言われた「難即安楽」とは、ある意味で「人間革命」のことなのではないでしょうか。法華経の行者として弘教に励んでいったとき、必然的に起きる難。そこから逃げることなく、「難即安楽」と心得て戦っていったとき、人間革命が成し遂げられる……そういうことなのではないかと、私は思うのです。

池田会長が「**『難即安楽』と言っても、指導者に『全同志を必ず安楽の境地に導いてみせる』との一念がなければ観念論です**」（中巻一一七ページ）と言われるとおり、ここでは「難即安楽」が具体的な現実のドラマとして語られているのです。

――そうですね。法華経の解説書は山ほどありますが、『法華経の智慧』ほど具体的なエピソードを通して「安楽行品」を解説した書は、ほかに見当たらないでしょう。一般の解説書の多くは、「四安楽行」（身《しん》・口《く》・意《い》・誓願《せいがん》の四種の安楽行）が教学的に解説されるだけなのです。

佐藤　具体的に、現実に即して「難即安楽」が解説される。しかも、師弟が心を一つにして共に戦うことによってこそ、「難即安楽」という人間革命が成し遂げられると説く……それが、この章の大きな特徴と言えるでしょう。

10

「地涌の菩薩」とその使命感

「地涌の菩薩」と組織の秩序

――いよいよ今回から『法華経』の「本門《ほんもん》」に入っていきます。

ご存じのとおり、本門とは、二十八品《ぽん》からなる『法華経』の後半十四品を指します。この後半部分にこそ仏の真の教えがある、という意味で天台が「本門」と名付けたものです（前半十四品は「迹門《しゃくもん》」）。今回から、本門の最初の品である「従《じゅう》地《じ》涌《ゆ》出品《じゅっぽん》」の章を読み解いていただきます。

佐藤　いわゆる「地涌《じゆ》の菩薩《ぼさつ》」が登場する品ですね。

――そうです。その点で、ここまでの十四品とは話の構造が転換します。前半十四品は釈尊《しゃくそん》が目の前に並んだ弟子たちに語りかけるものだったのに対し、この「従地涌出品」では地から湧《わ》き出るように登場した無数の菩薩について語られるのです。

佐藤　釈尊滅後の法華経弘通《ぐつう》について、弟子たちが「私たちにぜひやらせてくださ い」と申し出るものの、釈尊は「黙りなさい」「滅後の弘通はこの人たちの役割なのだ」と言い、それに合わせて無数の地涌の菩薩たちが出現してくる。ドラマティックな場面ですね。

――突然の出現に驚く弟子たちに、釈尊は地涌の菩薩は自《みずか》らが教化《きょうけ》してきたと語ります。「我《わ》れは久遠《くおんよ》従り来《このかた》　是《こ》れ等《ら》の衆《しゅ》を教化せり（私は久遠よりこのかた、これらの大菩薩を教化してきたのである）」と述べ、今世において菩提樹《ぼだいじゅ》の下で悟《さと》りを開いて仏になった（始成正覚《しじょうしょうかく》）のではなく、実は久遠の昔からすでに仏であった（久遠実成《じつじょう》）ことが明かされるのです。ただし、次の「如来寿量品《にょらいじゅりょうほん》」で詳しく明かされる「開近《かいごん》顕遠《けんのん》」（近い始成正覚を開いて、遠い久遠実成を顕《あらわ》す）と区別して、この言葉は「略開近顕遠」と呼ばれます。

佐藤　それは言い換えれば、「人間が仏という超越的な存在に少しずつ近づいていく」というそれまでの考え方から、「われわれはもともと仏であり、尊《とうと》い存在である。成《じょう》仏《ぶつ》とは、生命の奥底《おうてい》にもともとある仏性《ぶっしょう》を磨き出していくことなのだ」という人間主義的な捉《とら》え方に転換したと見ることもできますね。

「人間主義」は、池田思想の最重要キーワードの一つですが、背景には『法華経』があり、特にこの「従地涌出品」がその核になりそうですね。

ところで、創価学会員の皆さんは、ご自分を「地涌の菩薩」になぞらえて語られることが多いですね。

——池田会長もしばしば学会員を「地涌の菩薩」になぞらえて指導しています。多くの学会員が、自分たちは地涌の菩薩の一員なのだという誇りを抱《いだ》いていると考えられます。

佐藤　確かに、この「従地涌出品」の章を読んでいると、「地涌の菩薩」が学会員の皆さんのことだとしか思えなくなってきます。たとえば、池田会長は次のように言われています。

「地涌の菩薩の出現は、決して無秩序ではない。勢いよく、自由奔放でありながら、なおかつ整然たる行進の姿です。ある意味で、理想的な組織の姿とも言える」（中巻一四六ページ）

言われてみればなるほどそのとおりで、無数の菩薩たちがドッと大地から湧き出るのだけれど、上行《じょうぎょう》・無辺行《むへんぎょう》・安立行《あんりゅうぎょう》・浄行《じょうぎょう》の四菩薩がリーダーとなって整然と「行進」している姿なのです。世界宗教には秩序立った組織が不可欠ですが、創価学会もまた、桜梅桃李《おうばいとうり》の集まりでありながら、組織には見事な秩序がある。そして、「幹部だから偉い」などというヒエラルキー（階層構造）はそこにはなく、皆が平等に尊いと捉えられている。

世の中には「組織悪」という言葉はあっても「組織善」とは普通言わないですし、選挙における「組織票」などという言い方には、世の中の人が根深く抱いている「組織に対する嫌悪」が感じられます。しかし、組織の秩序を離れては世界宗教たり得ない。だからこそ、地涌の菩薩も組織の形をとって現れるのだと思います。

菩薩像と仏陀観の一大転換

――前回の大きな論点の一つに、「日蓮仏法では、菩薩行を積み重ねる過程それ自体のなかに成仏《じょうぶつ》があると捉える」ということがありました。ほかの既成仏教各派の「成仏してしまえば、そこで菩薩行も終わり」という捉え方とは対照的で、そこには成仏観の転換があったという話でした。「従地涌出品」の内容もそれに通ずる面があります。

佐藤　菩薩像の一大転換が起きています。「従地涌出品」のなかで、地涌の菩薩たちは「三十二相」を具《そな》えていると説かれています。

「三十二相」は仏の見た目に表れる三十二の特徴という意味で、普通は菩薩に対しては使われません。いわば、地涌の菩薩は仏よりも仏らしい存在として説かれているわけです。そのことがこの章では、「**（地涌の菩薩の）その姿は、あろうことか、師である釈尊よりも立派です**」（中巻一五三ページ）と表現されています。

ここには、「菩薩は成仏の前段階にすぎないから、仏よりも下である」と捉える従来の菩薩観の転換が見られます。末法の悪世において、苦しんでいる民衆の海のなかに飛び込んで、現実のなかで民衆を救っていく菩薩こそが最も尊いのだ、と……。そのような転換がなされるからこそ「本門」なのでしょう。

――天台は『法華文句《もんぐ》』のなかで、地涌の菩薩を「皆是れ古仏なり」と表現しています。つまり、地涌の菩薩は菩薩という名ではあっても、その内証《ないしょう》においては仏であるという解釈です。

佐藤　創価学会では日蓮大聖人を地涌の菩薩のリーダーである上行菩薩の再誕として捉え、『法華経』のなかの釈尊よりも偉大な本仏として認識していますね。一見論理の飛躍があるようですが、「従地涌出品」の記述に忠実に考えるなら、むしろ自然な解釈とも思えます。

私が仏教について学んだのは、同志社大学神学部時代です。神学部というと、キリスト教神学についてのみ学ぶように思われがちですが、実はそうではありません。仏教やイスラム教など、他の主な宗教についてもしっかりと学ぶのです。同志社の神学部で、私は一回生のとき「阿毘達磨《あびだつま》」を学び、二回生のとき中観《ちゅうがん》思想、三回生のとき唯識《ゆいしき》思想を学びました。しかし、そこで学んだのは釈尊を起点としたオーソドックスな流れの仏教哲学でしたから、創価学会の皆さんとのお付き合いが始まって、「日蓮大聖人を起点とする仏法」に触れて、新鮮な感動を覚えたものです。今では、「救済宗教としての仏教」を真に理解するためには、日蓮大聖人を起点としなければならない、と考えるに至りました。

――なるほど。地涌の菩薩というのはまさに「最初から民衆救済のために出現する菩薩」ですからね。そんな菩薩は他に見当たりません。一般に菩薩といえば、仏になるための修行として利他行《りたぎょう》をする存在であって、「目的は成仏で、菩薩行は手段」であるわけですから。

佐藤 そして、「従地涌出品」における菩薩像の転換は、仏陀《ぶっだ》観の大転換でもありますね。というのも、見た目は「師である釈尊よりも立派」な地涌の菩薩たちが、釈尊にあいさつする姿は「実に謙虚で恭《うやうや》しい。師への尊敬の心に満ち満ちている」ものだったからです。そのことをふまえて、池田会長は次のように語られています。

「これほどの無量の大菩薩に礼拝されている釈尊とは何者なのか。

地涌という不思議なる『久遠の弟子』の姿を目の当《ま》たりにしたことによって、〝師

匠の真実は何か〟〟師の本当の境涯《きょうがい》は何か〟という問いにつながっていった。地涌の出現が人々に〝仏陀観の大転換〟を迫ったのです。

これは池田会長がよく言われる「弟子の勝利が師の勝利」という言葉、あるいは学会員の皆さんがよく言われる「弟子である自分が勝利して、師匠の偉大さを証明するのだ」という言葉に相通ずるのではないでしょうか。つまり、ここには師弟不二《ふに》の仏陀観があると思うのです。

――「法華経の行者の祈りのかな《叶》はぬ事はあるべからず」（御書一三五二ページ）と説かれ、「人間は何にでもなれる」という無限の可能性を教える日蓮仏法ですが、さりとて一生には限りがありますから、なりたいものすべてになるわけにはいきません。

佐藤　それを師弟不二の観点から捉えると、弟子による夢の実現は師匠の夢の実現にもなるわけですね。池田会長に即して言えば、会長を人生の師として生きる世界中の弟子たちが、ある人は大学者になり、ある人は大政治家になり、またある人は大芸術家になり……とそれぞれの夢を叶《かな》えていくことは、それ自体が池田会長の偉大さの証明であり、ある意味では池田会長が学者や政治家、芸術家として大成することに等しいのでしょう。だからこそ、創価学会の皆さんは同志の成功や勝利を「わがことのように喜ぶ」ことができるのですね。

「地涌の菩薩」に見る「主体的な救済性」

――先ほど、「救済宗教としての仏教を真に理解するためには、日蓮大聖人を起点としなければならない」とおっしゃいました。その点をもう少し掘り下げたいと思います。

「解脱《げだつ》宗教」と「救済宗教」という、宗教学上の二分法があります。一般に釈尊の仏法は、特に上座部《じょうざぶ》仏教を重視する立場から見ると、「解脱宗教」として捉えられがちです。つまり、修行者自らが解脱、成仏することこそ重要であって、救済性はあまり重視されないのです。それが、大乗仏教になると救済性が前面に出てくるようになります。そして、日蓮仏法になると、まさに民衆救済がメインテーマになるわけです。

佐藤 そのような大乗仏教の救済性が如実《にょじつ》に表れているのが、この「従地涌出品」であり、なかでも地涌の菩薩の概念なのですね。

かつて同志社大学で歴史神学を講じた、魚木《うおき》忠一《ただかず》という神学者がいます。この人の主著に『日本基督教の精神的伝統』という本があって、彼はそのなかで大要次のように主張しています。

「日本人のキリスト教理解は、日本にあった先行の宗教――神道《しんとう》・仏教・儒教《じゅきょう》を土台としたものにならざるを得ない。そのなかで特に重要なのは仏教である。キリスト教の持つ救済宗教としての特性は、同じように救済宗教である仏教を信じている日本人には理解されやすい。キリスト教の持つ救済宗教としての本質を日本人が比較的早く理解し得たのは、仏教という土壌があったからこそだ」(大意)

ここでの仏教とは、おそらく、抽象的な仏教というよりも法華経、なかんずく日蓮仏法のことだと思うのです。

日本仏教は主に大乗仏教ですから、大なり小なり救済性の側面は持っています。しかし、「主体的な救済性」――つまり、超越的な仏によって「救われる」のではなく、自らが使命を感じて民衆を救う側に立つ、という考え方は、ほとんど日蓮仏法にしか見られません。そして、魚木忠一は同志社大学ですから当然プロテスタントであり、民衆救済についての考え方は日蓮仏法に比較的近かったはずなのです。

「主体的な救済性」を別の言葉で言い換えれば、自らが地涌の菩薩として民衆の海に飛び込み、現実の泥にまみれながら、苦しんでいる民衆を救おうとすること、ということになります。つまりそれは、〝娑婆《しゃば》世界から遠く離れた浄土に行けば阿弥陀如来《あみだにょらい》に救ってもらえる〟などという、抽象的な救済とはまったく次元が異なるのです。

池田会長によって公明党が創立されたのも、まさに「主体的な救済性」の精神の発露《はつろ》だったのでしょう。日本には「聖なる宗教は、俗なる政治の世界に関わるべきではない」という根深い偏見があります。それでもあえて、創価学会は公明党という代表を選び、政治の世界に飛び込んだ。当時の政治の世界に、公明正大ではない汚れた政治が横行していたからこそ、公明党と名付けたのだと思います。

この「従地涌出品」には、有名な「如蓮華在水《にょれんげざいすい》」という言葉も出てきますね。「世間の法に染まらざること、蓮華の水に在《あ》るが如《ごと》し」と。これは、地涌の菩薩のありようを、泥のなかから花を咲かせる蓮《はす》にたとえて称賛した言葉です。

――仏教では蓮華は清浄の象徴として尊ばれます。それは、汚《けが》れからかけ離れた場に身を置く清浄さではありません。泥のなかにあって泥に染まらず、美しい花を咲かせる……そのような「如蓮華在水」の姿をこそ、真の「清浄」と捉えたわけです。まさに、現実の泥にまみれながら尊い菩薩行に邁進《まいしん》する地涌の菩薩そのものですね。

佐藤　そう思います。池田会長もこの章で、次のように言われています。

「私ども地涌の菩薩は、世間の泥沼の真っただ中に入っていく。決して現実から逃げない。しかも、絶対に世間の汚れに染まらないということです。なぜなのか。それは『使命を忘れない』からです」（中巻一九三ページ）

ここでは使命への自覚が、世間の汚れに染まらないための条件として挙げられています。自分は地涌の菩薩の一員として、末法の世の民衆を救う使命を担《にな》っているのだという自覚――それさえ忘れなければ、現実の泥にまみれても決して汚れには染まらないというのです。ここで思い出すのは、公明党の歴史のなかに現れた堕落《だらく》した議員たちのことです。それは全体から見ればごく少数ではありましたが、彼らはいつしか地涌の菩薩としての使命を忘れてしまったのでしょう。だからこそ、「権力の魔性《ましょう》」という泥に染まってしまったのです。

「因」と「果」は必ずしも時系列ではない

佐藤　私は神学者でもあるので、『新約聖書』の一節にどのような意味があるのかを脂汗《あぶらあせ》を流しながら思索《しさく》するとか、そういう作業を長年続けてきました。そのせいか、この『法華経の智慧《ちえ》』を読み解くに当たっても、池田会長のさりげない一言を深読みしてしまう面があります。

たとえば、この「従地涌出品」の章に、池田会長が「**それでは、少し三人をテストしてみよう。みんなは、いつも試験をみる側だから、たまには試験されるのもいいだろう。**（笑い）」と言って、他の対話者三人に蓮についての質問を次々に投げかけるくだりがあります（中巻一六七ページ）。一見息抜きのようにも見えるなごやかな場面ですが、私はここにも実は深い意味があると考えます。

というのも、仏法における師弟とは必ずしも固定的なものではなく、時には弟子の側が教える側に立ったり、過去世においては師弟の立場が逆転していたりするものだからです。それも私が『法華経の智慧』で学んだことですが……。そこから考えるに、学会教学部の当時の代表であった三人の方々に対して、「君たちも教える側に立つばかりではなく、たまにはテストされる側に立ってみることも必要だ。庶民である会員一人一人から学ぼうとする姿勢を忘れてはならないのだ」と、師弟の精神と民衆への敬意の大切さを、池田会長は教えようとされたのではないかと感じました。

いささか深読みが過ぎるかもしれませんが、池田思想を学ぶに当たっては、池田会長の言葉の「言外の意味」を常に考えてみることも大切だと思います。池田会長の言葉には、重層的なニュアンスが込められていることも多いからです。

――「従地涌出品」の章は三つのパートで構成されていて、二つ目のパートが「『蓮華の文化史』を語る」です。そこでは、地涌の菩薩の象徴でもある蓮の花をめぐる文化史が、さまざまな角度から語られています。そのパートを読むと、蓮というのは極めて特異な植物であると、あらためて感じます。たとえば、蓮の種子には強靱《きょうじん》な生命力があって、数千年、数万年前の種子が花を咲かせることもあるのです。

佐藤　日本の大賀《おおが》一郎博士（植物学者）が発見して開花した「大賀ハス」は、二千年以上前のハスでしたね。

――ええ。そして、蓮の不思議さの最たるものが、花が開く前から果実に当たる「花《か》托《たく》」が大きく成長するという特徴です。普通の植物は花が先で後から実がなるわけですが、蓮だけは花（原因）と果（結果）が同時に成長するのです。そのため、「因果倶《いんがぐ》時《じ》」という法華経の法門のたとえに蓮華が使われるわけです。

「妙法蓮華経」とは、平たく言えば「蓮華のように原因と結果が同時に得られる不思議な法」ということです。「今世で善根《ぜんこん》を積めば、来世でよい生を享《う》ける」という「因果異時」が爾前経《にぜんきょう》であるのに対し、『法華経』では「今世で善根を積めば、一生のうちに成仏できる」と説くわけです。

佐藤　それを言い換えれば、因果というものを単純に時系列で捉えてはいけないということなのでしょうね。たとえば、古代インドに生きた釈尊よりも、日本の鎌倉時代に生きた日蓮大聖人のほうが根源的な仏であるという創価学会のドクトリン（教理）は、時系列で考えれば矛盾《むじゅん》しているわけです。しかし、そのような一直線の時系列にはあまり意味がない。日蓮大聖人が因で釈尊が果であったとしても、何の不思議もないのです。

そのことを敷衍《ふえん》して考えるなら、第一次・第二次宗門事件の結果として創価学会が宗門の足枷《あしかせ》から解かれ、世界宗教化が本格化した……という話も、仏法の眼から見ればすでに原因と結果が逆なのかもしれませんね。つまり、創価学会の世界宗教化という因がすでに未来において定まっていたからこそ、その結果として宗門事件が起きたと考えることもできるわけです。つまり、未来が因になって現在が果になる場合もあるのです。数学における「逆問題」——出力（結果）から入力（原因）を求める問題——のようなイメージですね。いささか神学的な見方ですが……。

11

「人間への信頼を取り戻せ」という警鐘

天皇制に対するニュートラルな姿勢

佐藤　本文の内容に入る前に、本稿が読者の目に触れるころには新しい「令和《れいわ》」時代がちょうどスタートしているので、ここで天皇について一言述べておきたいと思います。

『法華経の智慧《ちえ》』の随所にも感じられることですが、池田会長と創価学会の天皇に対する姿勢は、常にニュートラル（中立的）ですね。天皇制廃止を訴えるような対決の姿勢ではなく、もちろん天皇を中心とした「皇国史観《こうこくしかん》」を是《ぜ》とする立場でもない。創価学会を外から見ている人たちのなかには、そのことを不思議だと感じている人もいると思います。「戦前の国家神道《しんとう》体制のなかで創価教育学会は弾圧され、初代会長は獄中で殉教《じゅんきょう》したのだから、創価学会は今も天皇制を否定する立場に立ってしかるべきではないか？」と。

しかしそれは、創価学会が天皇制に対して妥協したということではありません。戦前の皇室と、戦後の現憲法体制のなかの皇室との間には、連続性と断絶性の両面があります。そのうち、創価学会は断絶性のほうに目を向けていて、「戦後の天皇は戦前の天皇とは異なる存在なのだから、ことさら否定すべきではない」と見なしているのだと思います。

――小説『人間革命』の、戸田第二代会長（当時、理事長）と山本伸一の最初の出会いの場面でも、天皇についてのやりとりが出てきますね。一九四七（昭和二十二）年八月の段階で、伸一が「先生は、天皇をどうお考えですか?」と問うと、戸田会長は次のように答えるのです。

「仏法から見て、天皇や、天皇制の問題は、特に規定すべきことはない。代々、続いてきた日本の天皇家としての存在を、破壊する必要もないし、だからといって、特別に扱う必要もない。どちらの立場も気の毒だと思う。(中略)

具体的に言うなら、今日《こんにち》、天皇の存在は、日本民族の幸・不幸にとって、それほど重大な要因ではない。時代は、大きく転換してしまっている」(『人間革命』第二巻「地《じ》涌《ゆ》」の章)

佐藤　国家神道体制のなかで弾圧された最大の当事者である戸田会長も、戦後間もない段階で天皇を相対化していたわけですね。

創価学会のそのようなニュートラルな姿勢を象徴するもう一つの要素として、「大《だい》楠公《なんこう》の歌」が会内で大切にされ、愛唱されてきたことが挙げられます。「大楠公の歌」は、楠木《くすのき》正成《まさしげ》とその息子・正行《まさつら》の今生《こんじょう》の別れとなった、いわゆる「桜井の訣別《けつべつ》」を歌ったものです。正成は南北朝の動乱のなかで後醍醐《ごだいご》天皇を奉じて討ち死にした武将ですから、どうしても天皇との関係のなかでイメージされがちです。「大楠公」という彼の尊称も、明治以降の皇国史観のもとで、「命を賭《と》して天皇を護《まも》った、忠臣の鑑《かがみ》」というニュアンスで名付けられたものです。

しかし、その正成を讃《たた》えた歌でもある「大楠公の歌」を、ときには池田会長がピアノを弾くなどして、創価学会では重要な会合の場面で愛唱してきたのです。なぜかと言えば、池田会長は「大楠公の歌」を皇国史観で受け止めているわけではないからです。むしろ、使命に生き抜く尊《とうと》さと、師弟の絆《きずな》の峻厳《しゅんげん》さを謳《うた》い上げた歌として受け止めている。楠木正成・正行は父子ではありますが、二人に師弟のイメージが投影されているのです。

言い換えれば、池田会長は「大楠公の歌」を換骨奪胎《かんこつだったい》し、そこから国家主義的な要素を削《そ》ぎ落とし、今の時代においても受け継ぐべき普遍的な価値観だけを抽出したのです。そういうことができるところにも池田会長のすごさがあり、創価学会の柔軟さがあるのだと思います。

もちろん、現代においても国家神道的なものの復活には警戒心を持たなければならないし、池田会長は誰よりもその警戒心を持ってきた方でしょう。ただ、それはそれとして、近代的な国家神道と区別された〝日本のよき伝統〟もあるわけで、創価学会がその伝統とどう折り合いをつけていくかという姿勢の表明が、「大楠公の歌」を愛唱することに内包されていると思うのです。

今回の天皇の代替わりについても、創価学会の受け止め方はあくまでニュートラルですね。ＳＧＩは各国で弘教《ぐきょう》を進めていくに当たっても、その国の国体（国の基礎的な政治の原則）に抵触するようなことは決してしないという姿勢を貫《つらぬ》いています。だからこそ、各国社会に深く根付くことができるわけです。

世界宗教の特徴の一つに、決して反体制的にはならず、体制と融和して〝体制内改革〟を進めていく姿勢が挙げられます。ＳＧＩもまさにそのような姿勢を持っており、だからこそ世界宗教になり得るのです。日本国内において天皇制に対してニュートラルな姿勢を保っていることも、同じ文脈で捉《とら》えることができるでしょう。

創価学会は、信心の根幹に関わることに関しては決して妥協しないものの、根幹に関わらないことについては社会のルールに従い、中立を保つのです。ただし、戦中においては、国家神道体制のなかで「神札」を強制されたため、中立ではいられなかった。その時点で日本という国自体が謗法《ほうぼう》の国と化していたから、謗法に与《くみ》するわけにはいかなかったのでしょう。しかし戦後においては、創価学会は天皇に対して中立的になり得たわけです。

民衆こそが「地涌の菩薩」である

――それでは、「従地涌出品《じゅうじゆじゅっぽん》」の章に入ります。「地涌の菩薩《ぼさつ》」の出現が描かれた章ですが、実はこの「地涌の菩薩」という言葉の扱いは、第一次宗門事件における論点の一つでした。創価学会側が自分たちを「地涌の菩薩」と表現したことについて、日蓮正宗側は〝地涌の菩薩というのは、そんなに簡単になれるもんじゃないんだ。一信徒団体が自分たちを「地涌の菩薩」として捉えること自体、傲慢《ごうまん》である〟という趣旨の難癖《なんくせ》をつけてきたのです。

佐藤　つまり宗門からすれば、法主《ほっす》や高僧などのごく限られた存在が「地涌の菩薩」と呼ぶに値するという捉え方なわけですね。「僧が上、信徒が下」という宗門の僧俗差別主義と、いびつな選民意識が如実《にょじつ》に表れた難癖だと思います。

しかし、『法華経』の記述を見れば、地涌の菩薩は数えきれないほどの大群衆として出現するわけですから、「地涌の菩薩は限られた少数のエリートである」という解釈自体が成り立たないでしょう。

――何しろ、「六万恒河沙《ろくまんごうがしゃ》」というスケールで出現するとされているのです。「恒河沙」はガンジス川の砂粒の数という意味で、それ自体が「数えきれないほど多いこと」を意味しますが、さらにその六万倍もの数だというのです。

佐藤　地涌の菩薩は末法の世に民衆として、地球規模で現れることが大前提なのです。

歴史上、世界中に民衆勢力として法華経の行者の集団が出現したのは創価学会／SGIだけですから、地涌の菩薩とは創価学会のこととしか考えられません。つまり、「従地涌出品」は創価学会の出現を予言した経文とも言えるわけです。

創価学会の出現と、さらには世界宗教化までが『法華経』に予言されていたわけですね。そう考えると、「『法華経』の内容から見ても、宗門との訣別は必然的であった」と言えるのではないでしょうか。

民衆勢力である地涌の菩薩として創価学会が出現した以上、民衆蔑視《べっし》のゆがんだ選民意識を持つ集団である宗門は、本質的にはその時点で必要なくなっていたのでしょうから。

――そうですね。

佐藤　草創期の創価学会は「貧乏人と病人の集まり」と蔑《さげす》まれてきたわけですが、宗門の民衆蔑視の傾向には、むしろ世間の学会蔑視の視線に近いものを感じてしまいます。対照的に池田会長は、貧困や病気などに苦しみながらも、懸命《けんめい》に人を救う利他行動に奔走《ほんそう》した同志たちの姿にこそ、地涌の菩薩としての崇高《すうこう》な輝きを見いだしていたのでしょう。この章で池田会長は次のように語られています。

「『貧乏人と病人の集まり』と言われた人たちとともに、民衆の民衆による民衆のための革命をやってきたのです。権力にもよらず、財力にもよらず、一人一人を『裕福になれ』『健康になれ』と抱きかかえながら――」（中巻一九六ページ）

地涌の菩薩が「空から降ってくる」とか、何もないところから突然現れるというのではなく、下方から、大地から湧《わ》き出るように出現するという描写にも、民衆性が示《し》唆《さ》されているように思います。地涌の菩薩は民衆を睥睨《へいげい》するエリートではなく、その対極に位置する存在であり、地を這《は》うようにして現実の泥にまみれて戦うなかにこそ、「如蓮華在水《にょれんげざいすい》」の輝きを放つ存在なのでしょう。「従地涌出品」の章では、そのことが次のような表現で語られています。

「何も頼るものがない庶民だったからこそ、裸一貫というか、我が生命の力をふりしぼる以外に道はなかった。だからこそ、『命を変える』法華経の信仰の偉大さも早く

分かった。そういうことではないでしょうか」

「権威の鎧《よろい》もない。学歴の盾《たて》もない。財力や地位の剣《つるぎ》もない。ただ、我が生命の本然《ほんねん》の力を出して戦う以外になかった。

そして人間性と人間性で連帯する以外になかったのです」（中巻一九六〜一九七ページ）

美しい言葉です。「地涌の菩薩とはそのような存在なのだ」と得心《とくしん》がいきます。

――末法に法華経の行者として立つ民衆は、等しく地涌の菩薩なのであって、どこかの国、どこかの文化圏だけに出現するような存在ではないのも重要な点だと思います。

佐藤　「エスノセントリズム」（自民族中心主義・自文化中心主義）と結びつく要素が皆無《かいむ》なのも、地涌の菩薩の特徴の一つと言えますね。ナショナリズムに回収されてしまう危険性がない点も、世界宗教にふさわしいと思います。

――ある仏教史の研究者が、「地涌の菩薩に注目した歴史的な仏教者は、日蓮以外にはいなかったと思う」と話していました。日蓮大聖人が初めて地涌の菩薩に注目し、そのことによって日蓮仏法が「使命の仏教」として確立されていったのかもしれません。

佐藤 よくわかります。その「使命の仏教」の系譜に創価学会もあるわけですね。キリスト教徒である私が創価学会に共鳴する要因の一つも、「使命」を重視する点にあります。

若き日の池田会長が見すえた日露の未来

佐藤 『法華経の智慧』から少し離れますが、現在、安倍晋三首相とロシアのプーチン大統領との間で、北方領土交渉が進んでいます。かつて外交官として北方領土問題

1956年12月5日、参議院本会議での採決の様子（共同通信社）

に深く関わった者として、私もこの交渉についてコメントを求められる機会が多いのです。そのために関連資料を読み漁《あさ》るなかで、ふと「池田会長は、この問題についてどんな発言をしてこられたのだろうか？」と思いました。

周知のとおり、現在の北方領土交渉については、昨年（二〇一八年）十一月、安倍首相とプーチン大統領が、一九五六（昭和三十一）年の「日ソ共同宣言」を基礎に交渉を加速することで合意を見ています。そこで、五六年当時の池田会長の言動を調べてみようと、『池田大作全集』第三十六～三十七巻の『若き日の日記』をひもといたのです。すると、興味深い一節に出合いました。五六年十二月五日付で、次のような記述があったのです。

「二時より、国会へ、日ソ交渉批准《ひじゅん》の決議を聞きにゆく。約二時間となる。妻と共に。未来、広布の舞台を、思いつつ」

この年十月に当時の鳩山一郎首相とソ連のニコライ・ブルガーニン首相が署名した共同宣言が、日本の国会で批准されたとき、池田会長（当時・青年部の室長）が奥さまと共に傍聴《ぼうちょう》されていたのです。このときのこと以外に、池田会長が国会を傍聴したという記述を私は見たことがありません。

しかも、青年部最高幹部として多忙を極めていた合間を縫《ぬ》っての傍聴です。当時の池田会長が、日ソ共同宣言に強い関心を向けていたことが察せられます。

「未来、広布の舞台を、思いつつ」という日記の言葉に、どのような思いが込められていたのでしょうか。このときの日ソ共同宣言によって、両国の戦争状態が法的にも終結し、国交が回復しました。その重要な局面に直面して、池田会長は、ソ連（ロシア）においてもやがて「信教の自由」が保障され、創価学会の広布の舞台が一気に広がる未来を見すえていたのでしょう。だからこそ、奥さまと連れ立って国会にまで傍聴に行かれたのではないでしょうか。「ここだけは決して外してはならない」という重要性を、池田会長は日ソ共同宣言に見いだしていたのではないかと、私は思いました。

――池田会長が青年部時代から、はるかな未来を見すえていたことに、感銘を受けます。

佐藤　はい。当時は創価学会の会長に就任する四年も前で、まだ一度も海外の地を踏んだことがなかったにもかかわらず、池田青年の心には、すでに広布の未来図が鮮やかに描かれていたのでしょう。しかも、そのことが日記の一節として記録に残され、現在のわれわれの目にも触れる形で刊行されていることの意義も大きいと思います。

また、五六年の池田会長が熱望していたであろう、ソ連の「信教の自由」――後年になってそれをもたらしたリーダーが、池田会長と深い友誼《ゆうぎ》を結んだゴルバチョフ大統領であったことも、単なる偶然ではないような気がします。学会員の皆さんがよく使われる「仏法の眼から見れば」という表現を借りれば、ゴルバチョフという人物も、池田会長の祈りによって導き出された諸天善神《しょてんぜんじん》だったのかもしれません。かつて戸田会長が、終戦後の日本に「信教の自由」をもたらし、国家神道を解体したダグラス・マッカーサーを、「仏法の眼から見れば諸天善神である」という意味で「梵天君《ぼんてんくん》」と呼んだように（梵天は古代インドの神話に登場する神で、法華経の説法の座に集い、「法華経を受持する者を守護する」と誓った諸天善神の一人）。

そして、若き日の池田会長が国会傍聴までして見守った日ソ共同宣言が、今北方領土交渉の土台になっているのも、仏法の眼から見れば偶然ではないのかもしれません。

——短い一節ですから、佐藤さんに指摘していただかなかったら、うっかり見落としたままになってしまったかもしれません。

佐藤　『池田大作全集』百五十巻を、全巻仕事場に揃《そろ》えた甲斐《かい》がありました（笑）。

社会の閉塞感を打ち破る鍵がここに

佐藤 『法華経の智慧』の「従地涌出品」の章に話を戻します。この章で私がとりわけ強い印象を受けたのは、池田会長の次のような発言です。

「地涌の菩薩は、じつは仏です。しかし、仏と言うと、どうしても超越的な感じに見られてしまう。地涌の菩薩は、あくまで『修行する人間』としての菩薩に徹している。人間に徹しているのです。ここに重大な意義がある。

『人間』への信頼、『人間』への信仰――その復権こそ、われわれが論じあっている『二十一世紀の宗教』のカギなのです。ある意味では、偉大なる『人間教』『生命教』の登場を、世界は待ち望んでいるのです」(中巻二二〇ページ)

池田会長は、現実の泥にまみれて人のために尽くす地涌の菩薩の〝闘い続ける人間〟としての姿こそが、実は仏なのだと言われているわけです。これは、池田思想の

「人間主義」を考えるうえで重要な一節だと思います。

今引いた一節にある「人間への信頼を取り戻すこと」の重要性は、『法華経の智慧』が連載された約二十年前よりも、むしろ現在のほうが高まっていると思います。なぜなら、その間のＡＩ（人工知能）や生命操作技術の急激な進歩によって、人間の価値、生命の価値が昔よりも低く感じられるようになってしまったのが、今という時代であるからです。「人間はＡＩに勝てない」「生命なんて、バイオテクノロジーで簡単に操作できる」というふうに。

そのような状況のなかで、「自分は卑小《ひしょう》な存在だ」という無力感にとらわれた人が増えると、その人たちはタイタニズム（巨人主義＝巨大さを追求する思考）に傾斜しがちです。たとえば、国家という巨大なものに自身を仮託《かたく》する国家主義が横行する危険性が増すのです。

池田会長が「国家主義というのは、一種の宗教である。誤れる宗教である」（『池田大作　名言１００選』中央公論新社）と喝破《かっぱ》したとおり、〝国家主義という宗教〟が跋扈《ばっこ》すると、その分人間が軽《かろ》んじられてしまいます。右からの国家主義についての警鐘は十分鳴らされていますが、今は日本共産党などが体現する「左からの国家主義」にも警戒が必要な時代です。それは〝共産主義という宗教〟に依拠《いきょ》するがゆえに、民衆を道具視してしまう危険性であり、かつてのソ連はそれゆえに非人間的体制に陥《おちい》ってしまったのです。

「人間への信頼」が希薄《きはく》化してしまっているのが今という時代であり、社会に蔓延《まんえん》する閉塞感《へいそくかん》の一つの要因もそこにあるでしょう。だからこそ、「偉大なる『人間教』『生命教』」ともいうべき創価学会の重要性がいや増しているのです。「地涌の菩薩」とは一握りの英雄を指すのではなく、民衆そのもの、生命そのものの尊厳性の宗教的表現とも言えます。

池田会長の『人間革命』の冒頭近くに、焼け野原と化した終戦間近の東京で、米軍に落とされた焼夷弾《しょういだん》の破片でシャベルや包丁を作る話をしている庶民の姿が描かれていますね。彼らは敗戦必至の状況に屈することなく、たくましく賢明に生き抜く「民衆の英知」の象徴なのです。

『法華経の智慧』のこの章で、池田会長が地涌の菩薩に託して訴えているのも、〝民衆への信頼、人間への信頼を取り戻せ。そこにこそ社会の閉塞感を打ち破る鍵がある〟というメッセージなのだと思います。

12

池田会長の民衆観の根底にあるもの

「根源的な仏」としての地涌の菩薩

――前回の「地涌《じゆ》の菩薩《ぼさつ》とは一握りの英雄を指すのではなく、民衆そのもの、生命そのものの尊厳性の宗教的表現」という佐藤さんの言葉などに、読者から大きな反響がありました。

佐藤　数えきれないほどの地涌の菩薩が大地から出現することに民衆性が示唆《しさ》されているわけですが、私はその点をもう一歩踏み込んで解釈してみたいと思います。下方から出現する地涌の菩薩……そのことに、ある意味で「コペルニクス的転回」があるように感じるのです。

——と、おっしゃいますと？

佐藤　順を追って話します。まず、「コペルニクス革命」以前の世界像には、基本的に上下がきちんとありました。〝上は神の住む天上の世界で、下は人間が住む地上の世界〟というのが、ヨーロッパのキリスト教圏の世界像だったのです。それはアジアでも同じで、儒教《じゅきょう》における「天」の概念などに見られるように、〝上は聖なる世界で、下は人間たちの俗なる世界〟という立て分けが、近代以前の世界像の核を成していました。

ところが、コペルニクスやガリレオが地動説を唱え、のちにケプラーらによってその正しさが立証されると、人々の抱《いだ》く世界観・宇宙観そのものが大きく変わってしまいました。地動説の提唱が「コペルニクス革命」と呼ばれるのはそのためで、それは単なる天文学上の革新ではなかった。古代以来、人々の生活に根付いていた世界観・宇宙観の一大転換であり、西洋思想の枠組みを根底から揺り動かしたのです。

コペルニクス革命は、神学の世界にも衝撃を与えました。「神は天上にいる」という世界観そのものが意味を失ってしまったからです。不動の平らな大地だと思われていた地球自体が球体で、しかも自転を続けているとなると、「天上」という概念自体が意味をなさなくなるからです。

神がいると考えられてきた「天上」は、地動説以降は、地球の反対側から見ると「地下」になってしまいました。いわば「神の居場所がなくなってしまった」という由々《ゆゆ》しき事態だったわけです。その危機を乗り越えるために、やがてプロテスタントの「自由主義神学」では、人の心のなかに新たな神の居場所を見いだします。神のあり方を、地動説というパラダイム（思考の枠組み）と矛盾《むじゅん》しない形に捉《とら》え直したわけです。

池田会長がこの章で、地涌の菩薩の本質を民衆性のなかに見いだしていることも、その〝捉え直し〟に近いと思います。つまり、「天上の世界」という概念が意味を失ってしまった近代以降に即した形で、仏というもの、ひいては広宣流布《こうせんるふ》というものを捉え直すための論が、ここで展開されているのではないでしょうか。

その第一段階は、〝仏とは、現実のなかで利他行《りたぎょう》に邁進《まいしん》する民衆そのもの、人間そのものを指す〟という捉え直しです。そこには、〝遠い世界にいる、超越的で静的な存在〟という従来の仏のイメージの転回があります。

そして第二段階として、池田会長は上下という概念そのものを捉え直します。それが、「『下方の虚空《こくう》』とは究極の根源」という見出しがつけられた部分です。

「厳密《げんみつ》に言うと、地涌の菩薩は、大地の下の虚空にいたとされている。これを考えてみよう。

『大地の下に虚空があるとは、いったい、どういうことなのか』と疑問に思う人もいるにちがいない」（中巻一八二ページ）

池田会長はそう語り、そこから「下方の虚空」の意味が解説されます。それによれば、古代インドの世界観では地下の構造は地輪《じりん》（大地はその表面部分）・金輪《こんりん》・水輪《すいりん》・風輪《ふうりん》という四層が積み重なっており、いちばん下の「風輪」が虚空に浮かんでいると考えられていたそうです。地涌の菩薩は、最下層の虚空から四層を越え、大地を突き破って出現したわけです。

最下層というと「地獄の底」のようなイメージを抱いてしまいそうですが、後代のウパニシャッド哲学の注釈書によれば、「虚空は究極の根源」とされ、むしろ「梵《ぼん》（ブラフマン）」として崇拝《すうはい》されていたことが語られています。つまり、地涌の菩薩が出現してくる「下方」とは、物理的な上下における「下」ではなく、「根源」を意味するわけです。

そのことをふまえて、池田会長は次のように語ります。

「地涌の菩薩は寿量品《じゅりょうほん》の本仏の『久遠《くおん》の弟子』である。その久遠の弟子が、根源の中の根源から誕生してくるということだね。（中略）

そのうえで、涌出品で説く『下方の虚空から生じる』とは、空間的に根源を示し、『久遠以来の教化《きょうけ》』（＝釈尊《しゃくそん》が地涌の菩薩を久遠以来教化してきたと語ったこと）とは、時

間としての始源を示していると言えるかもしれない」(中巻一八四ページ)

つまり、地涌の菩薩が下方から湧《わ》き出ることは、第一には民衆性の象徴ですが、さらに立ち入って捉えるなら、〝最も根源的な仏である〟という意味合いがあるわけです。

地涌の菩薩は徹して民衆の側に

佐藤　以上のことをふまえて考えるなら、地涌の菩薩の「民衆性」とは、低学歴や貧困に象徴されるような「下層」とイコールではないことになります。仮に、民衆性が単純に「社会の下層」という意味だとすれば、広宣流布が進むにつれて創価学会員にも富裕層や高学歴層が増えてくると、その分だけ地涌の菩薩から遠ざかってしまうことになるからです。

しかし、地涌の菩薩が出現する「下方」を「根源的」という意味として捉えるなら、学会員の社会的成功と地涌の菩薩たることの間には、何ら矛盾が生じません。社会的エリート層になったとしても、徹して民衆の側に立つ心さえ失わなければ、その人はやはり地涌の菩薩なのです。

――なるほど。地涌の菩薩の出現する「下方」とは、「形而上《けいじじょう》／形而下《けいじか》」のような単純な二項対立に基づく「下」ではなく、根源的な生命力を意味するという見立てですね。

確かに、一般には「エリートと民衆」「知識人と民衆」という形で二項対立的に区分しがちですが、池田会長にはそのような視点はありませんね。〝エリートや知識人も民衆の一員である〟と捉え、特別視はしないのです。それも、旧来的な「上下」観を超克《ちょうこく》した思想の発露《はつろ》と言えるかもしれません。

佐藤　要するに、池田会長の民衆観の根底には地涌の菩薩の概念があるのだと思います。地涌の菩薩をどのような存在として会長が認識しているか――そこがわからないと、会長の民衆観も理解できないのだと思います。〝法華経の行者となった民衆こそが、最も根源的な仏である〟と考えるからこそ、池田会長は民衆を重視し、民衆の尊厳性を肯定するわけです。そこには、いわゆる「愚民《ぐみん》思想」の対極にある、いわば根源的な〝尊民思想〟があります。そのへんがまるでわからない外部の「学会ウオッチャー」のたぐいが、「創価学会は民衆を手駒《てごま》のように扱い、権力維持の道具にしている」などと的外れな批判をしたりするわけです。

付け加えるなら、私は、創価学会と日本共産党の根本的な差異の一つがそこにあると考えています。『しんぶん赤旗』(日本共産党機関紙)などを読んでみれば、民衆を礼《らい》賛《さん》し、共産党が常に民衆の側に立っているかのような言葉がちりばめられています。しかし、その根底にあるのは、民衆を自分たちよりも見下す視点なのです。

そのことを象徴的に示しているのが、彼らが依拠《いきょ》するレーニン型の「外部注入論」と呼ばれるものです。これは簡単に言えば、「労働者階級は、共産主義者(党)による外からの働きかけによって、初めて社会主義を獲得する」という考え方です。言い換えれば、〝民衆は本来的には無知蒙昧《むちもうまい》だから、共産党が正しい思想を外部から教えてやらなければならない〟と彼らは考えているわけです。そういう〝上から目線〟のエリート主義が根底にある。その点で、生命の奥底《おうてい》にある仏性《ぶっしょう》を「民衆の尊厳性」の根拠とする創価学会とは逆です。日本共産党には、民衆から学ぼうとする姿勢は感じられません。党の路線をいかに民衆に浸透させるかしか考えていないし、彼らにとっての〝よき民衆〟とは、党に忠実な人たちだけなのです。

創価学会と日本共産党は、同じように大衆を支持基盤としていることからライバル視されることもあります。また、表面的にはどちらの組織も民衆を重んじているように見えるかもしれません。しかし、民衆に対するまなざしは、実は対照的なのです。

宗教に不可欠な「身体性」の大切さ

佐藤　この章で池田会長は、日蓮大聖人の「大悪大善御書」の一節、「各各《おのおの》なにをかなげ《歎》かせ給うべき、迦葉《かしょう》尊者にあらずとも・まい《舞》をも・まいぬべし、舎利弗《しゃりほつ》にあらねども・立つてをどり《踊》ぬべし、上行《じょうぎょう》菩薩の大地よりいで給いしには・をどり《踊》てこそい《出》で給いしか」(御書一三〇〇ページ)を引いたうえで、次のように言われています。

「**民衆の大地から踊り出る『勢い』こそ、私ども地涌の菩薩の身上《しんじょう》なのです**」(中巻一六四ページ)

一見何げなく用いられているこの「踊り出る」という言葉に、私は重要な意味があると考えます。というのも、ここには宗教に不可欠な「身体性」が表現されていると感じるからです。つまり、この「踊り出る」は単なる比喩《ひゆ》表現ではないと思います。

宗教というものは、理屈だけでは理解しきれない世界です。歌ったり踊ったりするような身体性が伴って初めて理解できる部分が、必ず存在します。それも、強制されて渋々そうするのではなく、自発的に歓喜して歌ったり踊ったりすることで、その宗教の本質が理解できることがあるのです。

創価学会の活動には、そうした身体性が自然な形で織り込まれています。会合で学会歌を皆で合唱することや、何か祝い事があったときにそこに集った全員で万歳三唱することなどは、その一例です。

私が片山杜秀《もりひで》さん（思想史研究者・音楽評論家）と編んだ対談集『平成史』が、平成の終焉《しゅうえん》に合わせて（二〇一九年）五月に文庫化されました（小学館文庫）。文庫化に際して新たに一章分の対談を語り下ろしたのですが、そのなかでは創価学会の「身体性」表現についても少し論じています。学会の本部幹部会において、池田会長が学会歌「威風堂々《いふうどうどう》の歌」に合わせて扇子《せんす》を持って舞い、その姿に学会員の皆さんが心の底から共感する姿に感銘を受けた、という話をしたのです。それに対して片山さんは、「歌や踊りを低俗なものとしている知識人やインテリもいますが、歌と踊りを制する者は人間を制すると言えるような側面がある」と応じています。

――なるほど。知識人の宗教理解はとかく浅薄《せんぱく》なものになりがちですが、それは「宗教に不可欠な身体性が理解できない」という面があるがゆえなのですね。

佐藤　そのとおりです。たとえば、一九六〇年代の日本を代表する知識人の一人とも言える、高橋和巳《かずみ》という作家がいました。彼の代表作の一つ『邪宗門』は、大本《おおもと》などいくつかの教団をモデルとした、「ひのもと救霊会《きゅうれいかい》」という架空の教団の物語です。そのような作品を書くくらいですから宗教にも造詣《ぞうけい》が深かったわけですが、それでも、彼の宗教理解にはある種の限界を感じざるを得ません。ちなみに、河出文庫版の『邪宗門』は私が解説を書いていますので、興味のある方はお読みいただければと思います。

高橋和巳のお母さんは、天理《てんり》教の熱心な信者でした。彼は、母親の言葉や振る舞いを通じて知った天理教の教義や社会的意義は理解していました。しかし、彼自身は熱心な信者にはなれませんでした。それは、「みかぐらうた」と呼ばれる天理教の歌や踊りについていけなかったからだと、高橋自身が述懐《じゅっかい》しています。まさに彼は、理屈のうえでは宗教を理解できても、宗教の身体性は理解できなかったわけです。そこに一般的知識人の限界もあるのだと思います。

池田会長はもちろん一級の知識人ですが、同時に、「宗教の身体性が理解できない」という知識人の限界を克服しているのです。そのことが、学会員の皆さんの前で「威風堂々の歌」を舞う姿に端的《たんてき》に表れています。

この章で〝地涌の菩薩は「踊り出る」ように広宣流布の戦いに打って出るのだ〟と強調しているのも、一つには身体性の重要さを示しているのでしょう。今後ＳＧＩが本格的に世界宗教化していく過程にあっては、決して〝頭でっかちな宗教〟になってはならず、身体性を重んじなければならないのだ、と……。そのような池田会長のメッセージが、「踊り出る」という言葉に託されているのではないかと感じます。

地涌の菩薩とはどのようなものかが、知識人に理解しやすい形で論理的に解説されたのが『法華経の智慧《ちえ》』の「従地涌出品《じゅうじゆじゅっぽん》」の章であり、逆に庶民にもわかりやすいヴィジュアル（視覚的）な身体表現で示されたのが、池田会長の「威風堂々の歌」の舞なのだと思います。

――確かに、創価学会のような大教団の指導者が会員の前で舞を舞ってみせるというのは、考えてみれば画期的なことかもしれません。日蓮正宗宗門との訣別《けつべつ》前を思い出してみても、法主《ほっす》が信徒の前で踊ってみせるなんてことは、まずあり得なかったですから（笑）。

佐藤　宗教における身体性の大切さは、キリスト教においてもしかりです。たとえば、「笛吹けど踊らず」という慣用句の元になっているのは、『新約聖書』の次のような言葉です。

「今の時代を何にたとえたらよいか。広場に座って、ほかの者にこう呼びかけている子供たちに似ている。『笛を吹いたのに、踊ってくれなかった。葬式の歌をうたったのに、悲しんでくれなかった』」

イエスのこの言葉に、信仰における身体性の大切さが端的に示されています。ところが、先ほどの高橋和巳の例に見るとおり、知識人は宗教における身体性を軽《かろ》んじがちです。戦後の日本で「踊る宗教」と呼ばれた新宗教（天照皇大神宮教《てんしょうこうたいじんぐうきょう》）が台頭したときにも、知識人たちは「踊る」という特徴を宗教としての低級さの証拠であるかのように揶揄《やゆ》しました。しかし、実際に信仰を持った人であれば、宗教における身体性の重要性は、肌感覚で理解できるはずなのです。

さきほど、池田会長は〝知識人も民衆の一員〟と捉えているという話がありましたが、「真に民衆に根差した知識人」であるか否《いな》かの分かれ目の一つは、宗教の身体性が理解できるかどうかだと思います。学会員の皆さんのなかにも、「教学の勉強などは好きだけど、会合で学会歌を合唱したりするのは気恥ずかしくて苦手だ」という人がいるかもしれません。そういう人はまだ知識人の限界にとらわれているのでしょう。もっと思い切って、信仰の世界に体ごと飛び込んでいったほうがいいと思います。

「此岸性の重視」は世界宗教の共通項

佐藤　この「従地涌出品」の章は、地涌の菩薩について論じることを通じて、池田会長の民衆観や成仏《じょうぶつ》観などが語られた重要な章だと思います。次の一節も、その一つです。

「『仏である』といっても、何か、止まった一つの状態のことではない。蓮華《れんげ》の果《み》が花とともに生長《せいちょう》するように、広宣流布の『行』とともに、『仏果《ぶっか》（仏界《ぶっかい》）』もいよいよ

成長していくのです。

その意味で、地涌の菩薩とは、『永遠の前進』『永遠の成長』を意味する。ゆえに、前進を止《や》めてしまえば、もはや地涌の菩薩ではない」（中巻一七二ページ）

釈尊の仏教における「成仏」は、もっと静的な「止まった一つの状態」を意味していたと思います。それに対して、日蓮仏法、池田会長の成仏観は動的でダイナミックですね。歩みを止めてしまったら仏ではなく、地涌の菩薩でもないと言うのですから。

――そうですね。そもそも釈尊の仏法でいう成仏は輪廻《りんね》の輪から離脱することであるのに対し、日蓮仏法では地涌の菩薩が何度も生まれ変わり、菩薩行を繰り返す「その修行自体がすでに仏界である」（中巻一七二ページ）というのですから、まさに成仏観の大転換です。

佐藤　キリスト教には「輪廻転生《てんしょう》」の概念がありません。なので、仏教が説く輪廻は、私には今一つ実感しにくい面があります。ただ、ここでいう〝何度も生まれ変わって菩薩行を続ける姿〟は、輪廻というよりも此岸《しがん》（この世）性に力点が置かれていると思います。

英語で輪廻転生のことを「リインカーネーション（reincarnation）」と言います。この言葉は、キリスト教で言う「受肉《じゅにく》」の教理を示す英語「インカーネーション（incarnation）」に、「再び」を意味する接頭辞「re-」を付けたものです。

「受肉」とは、「神の子イエス・キリストが人間の姿を取って地上に現れ、人々を救った」ことを指します。神の子が肉体を持ったから「受肉」なのです。つまり、キリスト教においては、神とは天上の世界に存在するのみならず、受肉して地上に現れ、苦しんでいる人々を救う存在でなくてはならないのです。

その意味で、キリスト教も創価学会と同じ「此岸性」の宗教と言えます。心のなかでのみ救いを与える「彼岸《ひがん》性」の宗教ではなく、現実の苦しみから人々を救うことを重視しているのです。だからこそ、キリスト教徒である私にも、〝地涌の菩薩が現実世界で菩薩行を続けること自体が成仏の姿〟という話は、実感としてよく理解できます。

そして、キリスト教と日蓮仏法のみならず、イスラム教も含めて、「此岸性の重視」は世界宗教の共通項なのだと思います。

（以下次巻）

ら行

わ行

ま行

や行

な行

は行

た行

さ行

か行

索引

あ行

著者略歴

佐藤優（さとう・まさる）

1960年、東京都生まれ。同志社大学大学院神学研究科修了後、専門職員として外務省に入省。在ロシア日本大使館に勤務し、主任分析官として活躍。2002年、背任と偽計業務妨害容疑で逮捕、起訴され、09年6月執行猶予付有罪確定。13年6月執行猶予満了し、刑の言い渡しが効力を失った。著書に、大宅壮一ノンフィクション賞を受賞した『自壊する帝国』（新潮文庫）、毎日出版文化賞特別賞を受賞した『国家の罠』（新潮文庫）、『宗教改革の物語』（角川ソフィア文庫）、『池田大作研究』（朝日新聞出版）、『創価学会を語る』（松岡幹夫との共著／第三文明社）、『佐藤優の「公明党」論』（第三文明社）など多数。第10回安吾賞、第68回菊池寛賞、第8回梅棹忠夫・山と探検文学賞受賞。

希《き》望《ぼう》の源《げん》泉《せん》・池《いけ》田《だ》思《し》想《そう》——『法《ほ》華《け》経《きょう》の智《ち》慧《え》』を読《よ》む　3

2021年4月30日　初版第1刷発行

著　者　佐《さ》藤《とう》優《まさる》
発行者　大島光明
発行所　株式会社　第三文明社
東京都新宿区新宿1-23-5　〒160-0022
電話番号　03(5269)7144（営業代表）
03(5269)7145（注文専用）
03(5269)7154（編集代表）
振替口座　00150-3-117823
URL　https://www.daisanbunmei.co.jp/
印刷所　図書印刷株式会社
製本所　株式会社 星共社

ISBN 978-4-476-03397-7